The Cutting Edge of Cognitive Science

越境する認知科学

日本認知科学会 編

10

なぜ壁のシミが顔に見えるのか

パレイドリアとアニマシーの認知心理学

高橋康介 著

共立出版

「越境する認知科学」刊行にあたって

21世紀に入り，20年が経とうとしている。この間，認知科学は飛躍的な変化を遂げた。その結果，前世紀には存在しなかった，あるいはきわめてマイナーであった分野が，認知科学の表舞台どころか，中心に躍り出ることになった。

こうした分野の1つに「身体」がある。従来，身体は単に情報の入り口，認知の出口として捉えられてきた。しかしこの分野の展開により，身体は知性の重要なパートナーであることが明らかにされた。また「社会」，「環境」もそうだ。以前の認知科学は，個人の頭の中の働きを探る学問とされてきた。しかし，近年の研究は，社会と知性は二重らせんのように，よじれあいながら人を特徴づけていることを明らかにしてきた。そして「創造」，「創発」。あらかじめ決められたプログラムの実行としての認知ではなく，個と場との相互作用による創発，創造が認知の本質であることが示されつつある。

このような変化は，「越境」に支えられている。従来の研究領域，方法の境界を越え，他分野の研究者，そこでの知見との対話と協力が，認知科学を拡大，深化させてきた。越境先は，脳科学，ロボット科学，進化論，哲学，社会学，芸術，フィールドワークなどさまざまである。こうした次第でシリーズ名を「越境する認知科学」とした。

本シリーズの著者たちは，まさに越境を通して，新しい時代の認知科学を牽引してきた一線級の研究者ばかりである。野心的でありながらも，緻密な論理に貫かれた彼らの研究を通して，新時代の認知科学が明らかにした知性の姿を読者と共有できれば幸いである。

「越境する認知科学」編集委員会

はじめに

　私たちはいつでも何気なくモノの姿を見て，モノの音を聞いて，モノの手触りを感じている。そして，さまざまな感覚を通して世界を認識し，動き回る。あまりにも当たり前で，あまりにも上手くできすぎていて，「見る」とは，そして「聞く」とはどういうことなのかを深く考えることはないかもしれない。でも少し立ち止まって考えてみると，ただの「見る」「聞く」についての不思議な疑問がたくさん湧いてくるのではないだろうか。

　たとえば，子どもの頃，ひとりで寝ようとして布団に入ると壁のシミがお化けに見えて怖かったという体験談を聞くことがある。昼間になればただのシミでも，夜になるとお化けになる。見ているものは同じなのに，寝ようとするとお化けになる。気のせいと言ってしまえばそれまでだが，よく考えてみれば不思議である。そのような壁のシミや空の雲が顔や人の形に見えてしまう現象は「パレイドリア」と呼ばれ，心理学や認知科学にとっての立派な研究対象である。言ってしまえば，心霊写真もパレイドリア。普段使っている☺のような絵文字や顔文字だって，パレイドリアである。

　別の話では，暗い夜道をひとりで家に帰ろうと歩いていると，後ろで人が動く気配を感じて走って逃げた，だけど振り返ると木々の枝が風に揺れているだけだった，という体験談を聞くこともある。何気ないものの動きがまるで生き物のように見えてしまう，聞こえてしまう，このような現象は「アニマシー知覚」と呼ばれ，これもまた心理学の古くからの研究対象である。普段から何気なく経験しているパレイドリアやアニマシー知覚だが，なぜこのような見誤り

が起こるのか，少し考えてみると謎につつまれた現象である。

　本書では「見る」に関するちょっと変わったさまざまな現象にフォーカスして，認識するとはどういうことなのか，考えを深めてみたい。第1章では，「見る」とはどういうことなのか，認識や知覚の基本的な構造について説明する。認識や知覚が決して世界をあるがままに見るという受動的な情報処理だけでなく，むしろ能動的に世界の見え方を創り上げているという側面があることを理解してもらいたい。第2章と第3章では，パレイドリアについて，心理学や認知科学の研究と筆者自身の省察を交えながら，この不思議な現象をどのように理解したらいいのかを議論する。まず第2章ではパレイドリアの定義，現象の性質からその特徴づけを吟味することから出発し，認知心理学や脳科学（専門的には認知神経科学）の研究からわかってきたパレイドリアのメカニズム，脳の情報処理を紹介していく。第3章では「絵文字」や「デザイン」などパレイドリアから広がる（まさに本シリーズのテーマの「越境」である）さまざまなトピックを取り上げて紹介する。第4章と第5章では，アニマシー知覚について触れる。アニマシー知覚は「何か（特に生き物ではない何か）を生き物として認識してしまう」という生き物の特別さが際立つ現象である。では，私たちにとって生き物はどのように特別なのだろうか。第4章では，認識の対象としての生き物の特殊さを示す心理学の研究を紹介するところから出発し，アニマシー知覚に関する認知心理学の研究を幅広く紹介する。第5章では，アニマシー知覚から広がるさまざまなトピックを幅広く眺めてみる。最後の第6章では，パレイドリアやアニマシー知覚に共通する，意味を過剰に見出すという認知の性質の背景を探る。

　ところでパレイドリアもアニマシー知覚も，それ以外の普通の知覚や認識も，一見すると単純な現象のように思えるかもしれない

が，現在の最先端の研究を以てしても完全に解明されているわけではない。だから本書の主張は，正しい部分もあるかもしれないし，間違っている部分もあるかもしれない。科学とは仮説であり，本書の内容も知覚や認識に関する仮説である。本書の狙いはひとつの正解を示すことではなく，むしろ読者に問いを投げかけることにある。そして「なぜそのように世界が見えているのですか？」という問いの面白さ，奥深さに気づいてもらうことである。本書を読んだあとに，パレイドリアやアニマシー知覚について考えること，知覚や認識について考えることの面白さを実感してもらえれば，筆者として，研究者として，これ以上うれしいことはない。さらにこのようなトピックについて研究したいと思い立つ読者がひとりでもいれば，この上ない喜びである。

目　　次

第1章 「見る」とは どういうことだろうか？

　私たちは世界をありのままに見て，聞いているのだろうか。数多く発見されている錯視や錯覚からも，その答えが明快に「YES」ではないことは明らかである。だからといって夢や空想とは違って，何でも好きなものを見ているわけではない。世界に関する情報を目や耳から受け取り，脳の中であれこれ処理して，主観的に認識している世界が現れる。本章では「見る」ということに焦点をあてて，認識や知覚に関する基本的な構造について考えてみよう。

1.1　火星の人面岩・人面魚・添い寝しめじ

　「火星の人面岩」という言葉を聞いたことがあるだろうか。今から半世紀近く前の1976年，アメリカ航空宇宙局 (NASA) のジェット推進研究所は，宇宙探査機バイキング1号が撮影した火星の地表の写真の中に，人の顔のような構造物がかなりハッキリと写っていることを公表した（図 1.1）。そのときのプレスリリース[1]の一部を引用しよう。

　　"The picture shows eroded mesa-like landforms. The huge rock formation in the center, which resembles a human head,

1)　https://mars.nasa.gov/resources/7493/the-face-on-mars/

図 1.1　火星の人面岩。1976 年 7 月 25 日，NASA のバイキング 1 号により撮影。
（画像：NASA／JPL）

is formed by shadows giving the illusion of eyes, nose and mouth."

　（写真には侵食された台地のような地形が写っている。中央の巨大な岩は人の頭部のように見えるが，目，鼻，口のように見えるのは影による錯覚である。）

　同時に，当たり前ではあるが，火星の人面岩は自然にできた地形に陰影がつき，たまたま人の顔のように見えただけである，ということも伝えている。しかし当時，この構造物が古代火星人の遺跡であるとか，先史の人類が火星に建築したものである，というような噂が飛び交ったらしい。残念ながらこれは筆者が生まれる以前のことであり，当時どの程度の騒ぎになったのか直接は知らないが，現在でもインターネット上には火星の人面岩に関する情報が数多く見つかる。

図 1.2 「添い寝しめじ」を模した画像 (画像提供：東京大学 今泉拓氏)

　さらに，筆者が記憶しているものとしては「人面魚」の騒ぎが懐かしい。当時，小学生だったか中学生だったか記憶が定かではないが，1990 年頃の話だったように思う。どこかの池（調べたところ，山形県鶴岡市にある善宝寺の池とのことである）で，人間の顔のような模様があるコイが見つかったということで，大騒ぎになったのである。連日のようにテレビで取り上げられ（当時はツイッターやインスタグラムはなかったが，今なら多くの人が映えをねらって訪れていたに違いない），善宝寺の池だけでなく日本の至るところでも人面魚の発見が報告されていた。筆者自身も学校の池のコイの中から人面魚を探していた記憶がある。

　時を経て 2016 年のはじめ，「添い寝しめじ。」というつぶやきとともに 1 枚の「しめじ」の写真がツイッターに公開され，話題になった（図 1.2）[2]。皿の上に並んだなんの変哲もない 2 本の「しめじ」の写真である。しかし公開されるやいなや，このつぶやきは数万回リツイートされ，ウェブメディアにも多数取り上げられた。な

---

2)　オリジナルのツイートは下記 URL からアクセスできる。
　　https://twitter.com/showkitchen_/status/701716543265067008

んの変哲もないしめじであると頭ではわかっているが，どうしても
しめじ同士の仲睦まじさ，愛，優しさ，そういった心の内を読み取
ってしまう。実際にツイッターにもそのような反応が多数寄せられ
ている。なかには「しめじのくせに，しめじですら添い寝する相手
がいるのに，自分は一人……」としめじに対する嫉妬を隠せないよ
うな反応まである。

　火星の人面岩が古代文明の痕跡なのか，その本当の答えは現在の
ところはわからない。しめじの中に本当に心があるのか，その答え
もわからない。興味深い問題ではあるが，本書ではこれらの疑問に
ついては触れない。一方で，これらの事例からはっきりとわかるこ
ともある。それは，私たちの知覚や認知に備わるひとつの独特な傾
向である。

1.2　過剰に意味を見る

　私たちは「意味」を過剰に見たがる。「意味」を好むといっても
よいだろう。数学記号の「なぜならば（∵）」のように，点が3つ
並んでいるだけで，それがまるで顔であるかのように認識してし
まう。あるパターンに対して本来そこにはないものを——多くの場
合，より豊かな意味をともなって——認識してしまうこと，これは
パレイドリアと呼ばれている。

　火星の人面岩も人面魚も，パレイドリアの一種と考えることがで
きる。たびたび世の中を騒がせる心霊写真も，多くの場合はこのパ
レイドリアで説明できる。☺のような絵文字がインターネットコ
ミュニケーションの中で感情を伝えるための有効な手段として通用
するのも，パレイドリアが起こっているからと言えるだろう。☺
は確かに笑顔に見えるが，実際にそこに顔があるわけでも，コミュ
ニケーションをしている相手の顔にそっくりなわけでもない。☺
を見ている私たち側で，そのパターンを過剰に意味づけて認識して

いるにすぎない。

　添い寝しめじの例はどうだろうか。しめじが人であるかのように見えれば，それはパレイドリアが生じているということである。しかし添い寝しめじの場合は「○○に見える」ということ以上に，しめじの中にあるかもしれない「心」や「意図」のようなものを感じ取っているように思える。心や意図を持たないであろう対象に対して，あたかも心や意図が備わった生き物であるかのように感じてしまうことがよくある。大切にしているぬいぐるみがボロボロになったからといって，躊躇なく捨てるのは難しい。なんとなく心があるように思いたくなるし，実際にそう思いこんでしまうこともある。このような思いを受けとめて，神社仏閣ではぬいぐるみを供養してくれるところもある。

　しめじはしめじ，ぬいぐるみはぬいぐるみである。それ以上のものではないはずなのに，心や意図が備わった生き物のように感じてしまう。やはり私たちの知覚や認知には，過剰に意味づけて認識するという傾向があるらしい。実際には，しめじほどの豊かな外見を持っていないものに対してでさえ，私たちは心や意図を感じてしまう。生き物とは全く似つかない見た目，たとえばただの丸や四角，三角の幾何学図形であっても，「それなりの」動きをしていれば，心や意図が備わった生き物に見える。これは専門的にはアニマシー知覚（生物性知覚）と呼ばれている。

　私たちの知覚や認知は過剰に意味を見たがる傾向を持っている——これが一貫して本書の背景にある仮説である。ところで本書では，とりわけ認知心理学の研究によって明らかにされてきたパレイドリアとアニマシー知覚にフォーカスして論じるが，このような傾向は私たちの知覚から思考，推論まで至るところに潜んでいるように思える。本題のパレイドリアやアニマシー知覚などの知覚現象に入る前に，ごく簡単にこの点にも触れておこう。

1.3 超能力・お告げ・ゲン担ぎ

　誰もが経験することかもしれないが，子どもの頃，超能力を身につけたいと願ったものである。体を動かさずにテーブルの上のお菓子を自分のところまで持ってこられないだろうかとか，念じるだけでテレビのチャンネルを変えられないだろうかとか，思い出そうとすればキリがない。そのなかでも特に鮮明に記憶に残っていることがある。信号が赤から青に変わるのを待っているときに，頭の中でカウントダウンするのである。「3，2，1，……，今だ！」と念じる。すると，ごくたまに，ピッタリのタイミングで青信号に変わることがある。「たまたまだ」と頭ではわかろうとしながらも，子ども心に超能力が通じたと内心では喜んでいた記憶がある（この感覚は専門的には「行為主体感」と呼ばれる。決して超能力とは関係ない）。大人になった今でも，たまに試すことがあるのだが，結果はさっぱりで，全然上手くいかなくなってしまった。誰に教わったわけでもなく，頭の中のカウントダウンと信号の変化という全く関係のない2つの事象に，超能力という因果関係を創り出し，楽しむ。よく考えれば，ごっこ遊びやおままごとなど，子どもの遊びはそのような意味創りに満ちあふれているようにも思える。

　本当は関係のないことに関係性を見つけようとする傾向は，子どもに限られるものではない。江戸時代に起きた富士山の大噴火は，将軍の悪政が招いた天罰だといわれていたらしい。天変地異に，超自然的存在の意図を感じてしまう。雷が鳴ると，なんとなくヘソを隠してしまう。こういった経験は誰にでもあるだろう。雷も噴火も地震も自然現象であり，21世紀の現在ではその仕組みの大部分は科学的に解明されている。それでも私たちは今なお，その原因を考えるときに，その出来事を生み出した超自然的な力の存在を暗に認めていることがよくある（図1.3）。

　正月になれば神様仏様をお参りし，お賽銭を投げる。経済学的に

図 1.3 操り人形を見る私たちは，操られる人形を目にして，操る者の存在を感じる。

考えれば全くの非合理的行動であるが，私たちはそれで心地よい気分になったりもする。逆に，仏像に石を投げつけるとか，鳥居で懸垂するとか，そういったことは普通はできない。「誰かに見られたらまずい」という理由もあるのかもしれないが，明らかにそれ以上のとまどいやためらいがある。どちらの例でも，超自然的な存在を陰に陽に仮定し，場所やモノを過剰に意味づけて，行動選択の原理としている。ただの習慣と言ってしまえばそれまでだが，習慣には習慣となるだけの理由があるのだろう。

　信号待ちの例のように，行動の選択に結果がともなうと，創られた意味が習慣化することもある。誰にでも一回くらいはゲン担ぎを試してみた経験があるだろう。元メジャーリーガーのイチロー選手は毎朝カレーを食べていたという話は有名な逸話である（実際は365日毎日食べていたわけではなかったようである）。何かをやってみた。その後に良いことが起こった。その結果，全く関係のない2つの事象の間に因果関係を見出してしまう。その行為をやったから良いことが起こったと考えてしまう。無論，ゲン担ぎに関しては

行為の習慣化やルーチン化，自己暗示によりパフォーマンスを高められるということがあるのかもしれないが。

　本来は無意味なものに意味を見つけてしまったり，無関係なものを関係づけて捉えてしまったり，私たちの認識や行動は合理性とは程遠いようである。そしてそこにはやはり，過剰に意味を見出す，という傾向が見え隠れする。このような認識や行動のメカニズム，特に合理性からの逸脱に関する話題として，認知バイアスに触れておこう。

1.4　認知バイアス

　私たちは日々の判断や意思決定，行動選択の中で，客観的，科学的に考えれば合理的ではないような，より強く言えば間違った思考やムダな振る舞いをしがちである。さらに面白いことに，いい加減に非合理なのでも，ランダムに間違えるのでもなく，ある一貫した規則に従って非合理的で誤った判断をしたり行動をとったりする[3]。このような合理性や正しさからの逸脱を生み出す法則は認知科学の言葉で「認知バイアス」と呼ばれている。本書のテーマとなる「意味を過剰に創り出す」という原理にも関係がありそうな認知バイアスをいくつか紹介してみたい[4]。

---

[3]　リアルな世界の中では一見して非合理的であっても実は別の視点から見れば合理的，というようなことも多々あるので，ある判断や行動を非合理的と結論づけることは実は簡単ではない。この点に関する議論は本シリーズの『よい判断・意思決定とは何か：合理性の本質を探る』（本田秀仁著，2021 年）や学会誌『認知科学』の特集「合理性をめぐる認知科学」（2022 年）が参考になる。

[4]　認知バイアスについて専門家の手でまとめられた「錯思コレクション100」というウェブサイトが下記の URL で公開されている。認知バイアスに興味を持った読者は，ぜひ一度眺めてみてほしい。
https://www.jumonji-u.ac.jp/sscs/ikeda/cognitive_bias/
また最近の解説書として，鈴木宏昭氏による『認知バイアス：心に潜むふしぎな働き』（講談社，2020 年）も参考になるだろう。

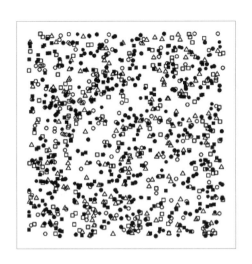

図 1.4 クラスター錯覚。どこかに意味がありそうなパターンは見つかるだろうか。

図 1.4 を見てみよう。これは全くの適当に，黒と白の丸，三角，四角を配置したものである。私たちはこのようなランダムなパターンに対して，なんとなく「まとまり（クラスター）」のようなものを見つけてしまう。これはクラスター錯覚と呼ばれる認知バイアスである。たとえば右上の方には，黒丸で円形の塊ができているようにも見える。このようなまとまりをいくらでも見つけることができる。私たちはこれがランダムに作られたものだと知っているので「そんなのはただの思い込み」だと思えるかもしれない。しかし現実の場合は，観察されたパターンの背後に意味があるのか，それともランダムに作られたパターンなのか，知ることができない場合も多い（図 1.3 を例として考えれば，操り人形の後ろに操る者がいるのかわからないという状況である）。そのような場合に，無意味であるという判断よりも，意味やまとまりがあるような判断が優勢になるようである。

たとえば，あなたはいま次のような状況にいるとしよう。公園で遊んでいる。周りにはたくさんの人が動き回っている。それぞれの人は無関係に動いていても，たまたまある一箇所に多くの人が集まってしまう場合がある。おそらく，そこに人が集まっている原因を探り，考え，納得しようとするのではないだろうか。もしかしたら自分には見えていなくても，集まっている場所には何か面白いものがあるのかもしれない。パターンや偏りを見つけたら，正しいかどうかは別として，理由や意味が欲しいのである。このような認知の傾向は，空間的なパターンに対してだけではない。

　スポーツやゲームで「ツキ」や「流れ」を感じることはあるだろう。うまくいったり，成功したりした人は，次もうまくいくような気がしてしまう。これはホットハンドの誤謬と呼ばれている。バスケットボールの試合を見ていると，前回のショットが失敗したプレイヤーよりも，前回のショットが成功したプレイヤー（ホットハンド状態にある）の方が，次のシュートに成功する可能性がありそうに感じる。その結果，「あいつは調子いいみたいだから，どんどんパスを回していこう」となるわけである。バスケットボールに限らず，このようなことは私たちの直観にも合っているように思える。ところが 1985 年のトベルスキーらの研究により，実際には成功か失敗かはランダムに決まるものであり，それに対して「調子」や「流れ」を感じるのは認知バイアスであるという結果が示された (Gilovich et. al., 1985)。まさに無意味なものに意味を見つけてしまう認知の傾向である[5]。

　似たような認知バイアスとしてギャンブラーの誤謬というものが

---

5)　最近の研究では，バスケットボールの試合のデータを高度な統計により検証した結果，実際にホットハンドが存在するかもしれない，つまり前回ショットが成功したプレイヤーの成功率が上がっているかもしれない，という可能性も示されている (Lantis & Nesson, 2021)。

ある。丁半博打という，2つのサイコロの出目の合計が偶数（丁）か奇数（半）か予想して賭けるという単純な博打がある。当たればご褒美がもらえる。8回勝負してみたら，すべて丁だった。つまり「丁丁丁丁丁丁丁丁」となった。さて，次にあなたは丁半どちらに賭けるだろうか。ギャンブラーの誤謬に従えば，目が偏るはずがないので，次は「半」が出やすいだろう，という結論になるのである。では「丁半半丁丁半丁半」となったとする。次はどちらにかけよう。おそらく当てずっぽうで賭けるしかない。実際には次に丁半どちらが出るかは五分五分である。さらにいえば「丁丁丁丁丁丁丁丁」も「丁半半丁丁半丁半」も確率は約0.3％（2分の1の8乗）で等しい。しかし，たまたま同じことが続くと，その背後に何か意味やルールがあるのではないかと感じてしまうのである。ギャンブラーの誤謬は空想上の話ではなく，株式市場の投資行動の場面などでもよく言及されるものである。「この銘柄は10日間続けて値下がりした。だから明日は値上がりするだろう」というわけである。

　あることが続けば，次も同じことが起こると思うのか，それとも次は違うことが起こると思うのか。よく考えてみると，ホットハンドの誤謬とギャンブラーの誤謬は全く逆のことをいっている。しかし，ここで重要なことは，どちらが正しいとか，どちらが間違っているとかではない。むしろ重要なのは，私たちに備わっている，ランダムなパターンに意味を見ようとしてしまう傾向そのものである。どのような意味を見るかは，ある程度の類型化がされているとはいえ，現実の場面では人それぞれだろうし，状況によっても異なるだろう。しかし，無意味なはずのものに意味を見ようとしてしまうという認知バイアスは，私たちの日常生活の中の至るところに潜んでいる。

　もうひとつの認知バイアスにも触れておこう。私たちには，ランダムなものに意味を見出すだけでなく，無関係なことがまるで関係

あるかのように思ってしまう認知バイアスがある。これは錯誤相関 (illusory correlation) などと呼ばれている。大地震の前には深海魚が浜辺に打ち上げられるというように，めったに起きないことが2つ起これば，その2つのあいだに関係があると考えたくなってしまう。また，全然関係のない事柄であっても，たまたまあることの直後に続けて別のことが起きると，その2つのことのあいだに関係があるだけでなく，1つ目のことが2つ目を引き起こしたように錯覚しがちである。これにはラテン語で「Post hoc ergo propter hoc（日本語では前後即因果の誤謬などと呼ばれる）」という立派な名前がつけられている。先に上げた子ども時代の筆者の超能力の話などは，前後即因果の誤謬そのものである。

　とりたてて意味のない雑多な情報を自分なりにアレンジすることで，まるで意味のある物語がそこに存在しているかのように感じ取ってしまうこともある。特に，与えられる物語が自分に関するもののときにはこの傾向が顕著になる。書店や図書館で「心理学」のコーナーを眺めると，血液型性格判断や心理テストの本が並んでいる。科学的な根拠は極めて薄弱であり，筆者は専門家としていつもこの風景を眺めては悲嘆にくれるのであるが，多くの人が楽しんでいるということは紛れもない事実である。毎朝テレビのニュース番組では今日の星占いが流れる。そして今日の星占いは，実は筆者自身も密かに楽しんでいる。

　血液型性格判断や心理テスト，占いには「確証バイアス」と「バーナム効果」と呼ばれる認知バイアスが潜んでいる。確証バイアスとは，多数の情報の中から自分に都合の良い情報だけを優先的に選び取り，都合の悪い情報はなかったことにするという認知バイアスの一種である。ツイッターなどのSNSでは，日々至るところで不毛な議論が行われているが，冷静に観察すると確証バイアスだらけである。そしてバーナム効果とは，誰にでも当てはまるようなこと

が並んでいれば，その中から自分に当てはまることを優先的に選び出して認識してしまい，あたかも自分のことが語られているように感じてしまうというものである。

このように私たちの思考や推論には，無意味なパターンに意味を見出し，無関係なことに関係を見出す傾向がある。例を挙げていけばキリがないが，お告げもゲン担ぎも認知バイアスの一種であり，過剰に意味を見たがる私たちの認知の傾向を反映したものであろう。このような認知の問題については，第6章で再び考えてみたい。

コラム　フォアラーのバーナム効果実験

バーナム効果のバーナムとは，19世紀のアメリカの興行師であるP. T. Barnum の名前に由来するが，その効果を実証したのはアメリカの心理学者 Forer である (Forer, 1949)。このためバーナム効果はフォアラー効果とも呼ばれている。

1948年，Forer は心理学の入門クラスを受講している大学生39人を相手に次のような実験を行った。まず最初に，性格診断のテストを行うと説明して，学生たちに質問紙を配布して記入してもらい，その質問紙を回収した。翌週，学生たちには性格診断の結果であると偽って，13項目の性格特性が列挙された紙をそれぞれの学生に手渡した。実際はこれらの文章は星占いの本から適当に選び出して並べただけで，診断結果に書いた内容は全員同じものである。

1　あなたは，他人から好かれたい，称賛されたいと思っている。
2　あなたは，自分に対して批判的な傾向を持っている。
3　あなたには，まだ発揮していない素晴らしい才能がある。
4　あなたの性格には弱点もあるが，普段はそれらを克服することができている。
5　あなたの性的適応は，あなた自身に問題をもたらす。
6　あなたの外面は規律的で自制心があるように見えるが，内面では心配性で不安を抱えている。
7　あなたは，正しい決断や正しい行動をしたのか真剣に悩むときがある。
8　あなたは，ある程度の変化や多様性を好み，制約や限界に直面す

ると不満を抱く。

9 あなたは，自分が独自の考えを持っていることを誇りに思っていて，十分に根拠がない他人の意見を受け入れることはない。

10 あなたは，自分の内面を他人にやすやすと見せてしまうのは賢いことではないと思っている。

11 あなたは，外交的で愛想がよく社交的なときもある一方で，内向的で用心深く内気なときもある。

12 あなたは，少しばかり非現実的な野望を抱くときもある。

13 安全・安心は，あなたの人生の主要な目標のひとつである。

　そして学生たちは，診断結果といって手渡された紙を見て，その内容が自分の性格にどの程度当てはまるのかを 0（全く当てはまらない）から 5（非常に当てはまる）までの 6 段階で回答するように求められた。その結果，34 名が 4 以上の値，つまり相当自分に当てはまっていると回答したのである（平均値は 4.26 だった）。実験のなかでは，13 項目の性格特性についてそれぞれ自分に当てはまるかどうかも聞いていた。当てはまると答えた人が最も多かったものは，7 番目の「あなたは，正しい決断や正しい行動をしたのか真剣に悩むときがある」で，実に 39 人中 38 人が当てはまると答えたのである。

　診断結果の中に書かれていることには，学生が受けた性格診断テストの内容は全く反映されていない。ただのデタラメである。それでも私たちは，適当に並べられた字面のなかから自分に当てはまる部分を暗黙のうちに選び取り，まるで自分について書かれているかのように感じてしまうのである。

　なお，Forer の論文の中に，この実験の顛末が面白おかしく描写されているので紹介しよう。場面は，学生たちが診断結果を受け取って，どの程度自分に当てはまっているかを回答し，その診断結果を Forer が回収したあとである。

「……診断結果を回収したあとに，性格診断が上手くできていたと感じているなら挙手してください，と指示した。すると，ほとんどすべての学生が手を挙げた。それから，診断結果の中の 1 番目の項目を読み上げ，これと同じものが自分の診断結果の中にあった者は挙手するように指示した。すると，すべての学生が手を挙げ，教室は爆笑の渦に包まれた。」

1.5　知覚の構造

　認知バイアスについては，まだまだ興味深い論点がたくさんあるが，ここで一旦話を戻そう。∴ が顔に見えてしまうパレイドリアや，点の動きに心や意図を感じてしまうアニマシー知覚は，一見すると認知の奇妙な傾向のように思えてしまう。なぜこのようなことが起こるのだろうか。通常の知覚や認識とは何が違うのだろうか。これらの問題を考えるためには，通常の知覚や認識というものについて理解を深める必要がある。まずは私たちがモノを見る仕組みを考えてみよう。

　今，あなたがこの本を読んでいる環境で，少し周囲を見渡してみてほしい。さまざまな色や形を持った意味のあるモノたちに囲まれていることだろう。テーブルや椅子，家具，ビールジョッキ，道路，車，空や雲，花や木，店員の顔，家族の顔。見慣れた世界が広がっているに違いない。素朴に考えれば，私たちが認識している世界は，私たちの周囲に存在していて，私たちの認識は，私たちの周囲に広がる世界を写し取ったもののように思える。しかし本当にそうだろうか。

　視覚でモノを認識する際の情報処理はおおよそ次のようなものである。まず光が目に入り，眼球の中の網膜という組織で光が電気的エネルギーに変換され，視神経を伝わって信号が脳に送られる。脳の中では複雑なネットワークを織りなす無数の神経細胞（ニューロン）が協調して働き，網膜から伝えられた情報を処理して，どこに何があるのか，何色なのか，どのような形なのか，どのような動きなのか，どういうモノなのか，といった情報が読み取られる。その結果として，私たちは何かを認識する。カメラで写真を撮れば，写真にはカメラに入った光の様子がそのまま写しとられる。カメラと同じように，目に入った情報，つまり網膜に映った像を私たちが「見れば」いいだけだと思うかもしれない。ところが話はそんなに

図 1.5 シェパード錯視。左の机と右の机の天板の形を見比べてみよう。左は細長く、右は真四角に近い形に見える。しかし実際には左と右の平行四辺形は全く同じ形、大きさである。

単純ではない。

　図 1.5 はシェパード錯視と呼ばれるものである。ふたつのテーブルが横に並んでいる。左のテーブルは細長く、右のテーブルは真四角に近い形に見えるだろう。ところが実際は、左のテーブルも右のテーブルも、天板の平行四辺形は全く同じ形（数学的にいえば合同な図形）である。そう言われても信じられないという読者もきっと多数いるに違いない。その場合は、薄い紙を本の上において、左の平行四辺形をなぞり書きしてみよう。そして紙を動かして、右の平行四辺形の上に重ねてみよう。ぴったり形が重なるはずだ。だから網膜に映る像としても、左のテーブルと右のテーブルは同じ形である。しかし私たちの知覚を通すと全然違う形に見えてしまう。カメラで図 1.5 を写真に撮れば、2 つの天板は完全に同じ形として記録される。しかし私たちの認識は、そうなってはいない。

　もうひとつ、別の例を見てみよう。図 1.6 はチェッカーシャドー錯視と呼ばれるものである。図中の A のマスの色と B のマスの色を見比べてみてほしい。B のマスの方が A のマスよりもずっと明るく（白っぽく）見えるだろう。ところが実際は、A のマスも B のマスも同一の色である。これも信じられない場合は、A と B の

図 1.6　チェッカーシャドー錯視。A と B のマス目の色を見比べてみよう。B の方が A に比べてずっと明るいように見える。しかし実際は A と B のマス目は全く同じ色で塗られている。（画像は Wikipedia「チェッカーシャドウ錯視」より。この錯視のオリジナルは Edward H. Adelson 氏作）

マスの部分だけが見えるように，他の場所を隠してみよう。厚紙に 3 ミリほどの小さな穴を 2 つ開けて見てみるといいだろう。すると先ほどまで全く違った色に見えていた 2 つのマス目が，今度は全く同じ色に見えてしまう。つまり網膜に映った像としては，A の色も B の色も同じなのである。しかしシェパード錯視の場合と同じように，私たちの知覚する世界では全く違う色に見えてしまう。

　これらの錯覚からわかることは，私たちは目に入った情報，つまり網膜に映った像をそのまま認識しているわけではない，ということである。カメラがレンズで捉えた光を記録するよりもずっと多くのことを，知覚は能動的に行っているのである。

1.6 不良設定問題

　なぜ目に入った情報はそのまま知覚されないのだろうか。そこには知覚における不良設定問題というものが関係している。私たちが生きる世界はおそらく3次元空間であり，知覚される世界も3次元に広がっているように見える。一方，眼球の中の網膜は（たとえて言うなら）スクリーンのような面で光を捉えるため，網膜の情報は2次元である。つまり2次元の網膜情報を使って3次元の空間がどのような状態なのかを知る必要がある[6]。ところがこれは不良設定問題となっていて，原理的に解けない。解が無数に存在してしまうのである。数学の例を挙げれば，実数aとbについて，a+b=1を満たすaとbを求めよ，と言っているようなものである。これを満たすaとbは当然ながら無数に存在する。

　図1.7の一番左の絵を見てみよう。そもそも紙なので実際は飛び出ても凹んでもいないが，奥行を知覚できるだろうか。奥行が知覚できたのなら，真ん中の領域は，飛び出ているだろうか，それとも凹んでいるだろうか。凹んでいるなら，穴の深さはどのくらいだろうか。2次元の絵から答えを知ることはできない。図1.7の右側の4つは，3次元の物体の断面図（2つに切断して横から見たところ）だと思ってほしい。右の4種類の構造すべてが，上から見れば左のような2次元の絵となる可能性を持っている。より正確にいえば，左のような2次元の絵になる3次元構造は無限に存在する。

　実際は私たちには目が2つあって，現実の3次元空間の中では2つの目が少しだけ異なる場所で光を受け取るので，両眼視差と輻輳角という情報を使って対象までの距離を推定することができ

6）　視覚情報処理の理論では順光学と逆光学という言葉が頻繁に出てくる。世界の3次元構造から2次元網膜像への変換が順光学（これは物体の3次元構造と視点が定まれば一意に決まる），2次元網膜像から3次元構造の推定が逆光学に当たる。

絵　　　　　　　　　　　図

図 1.7　奥行の認識における不良設定問題の例。左の絵は凹んでいるように見えるだ
　　　ろうか。それとも飛び出しているように見えるだろうか。右の 4 種類の図
　　　は，左の絵を横から見た断面図である。右の 4 種類のうちどのような形であ
　　　ったとしても，上から見ると左の絵のようになる可能性がある。

る。また片目を閉じた単眼の状態であっても，水晶体のピント調節
に関する信号から対象までの距離を推定することができる。しかし
ここで重要なことは，こういった奥行信号が使えないような状況で
も，私たちは 2 次元の網膜像から奥行を認識するということである
（そもそも，あなたが今見ているこの紙や画面は，2 次元平面で
ある。図 1.7 の左の絵を見て，紙の上に描かれた丸いモノに奥行を
感じているなら，それが 2 次元の網膜像から奥行を感じる証拠で
ある）。

　私たちが知覚するのは空間の情報だけではない。色の認識につい
てはどうだろうか。網膜が捉える情報は，目に入る光の波長[7]であ
る。そもそも波長という情報から，なぜ色が見えるのかという謎は
意識の科学における一大問題であるのだが，ここではその謎には触
れない。経験的な事実として，波長の情報を使えば，私たちの周囲
に広がる世界の色を認識できるように思える。たとえば山は緑色だ
ろうし，友人の顔色はいつもより青白いかもしれない。では目と脳
で，どのように色を認識するのだろうか。網膜には目に入った光の
波長に反応して応答する細胞（錐体細胞）があるので，この細胞の

---

7)　波長とは波の周期の長さのことであり，ここでは光の性質の一つだと理
　　解してもらえればよい。

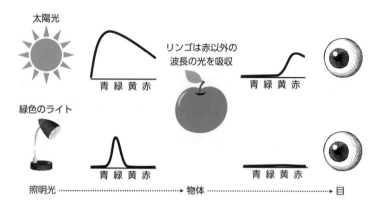

図 1.8　色認識の不良設定問題。

出力を利用すれば，色を見ることができるように思えてしまう。

　ところが現実はそれよりずっと複雑である。私たちはモノの色を認識するのであるが，現実の世界では，モノの色（正確にはモノの色に対応する波長の光）が直接そのまま眼に飛び込んでくるわけではなく，（自らが発光するモノを除けば）モノを照らす光がそのモノに反射して眼に入ってくるのである。もう少し正確にいえば，光源に含まれる色から，モノの表面が吸収する色を差し引いた反射光が目に入ってくる。

　図 1.8 を見てみよう。昼間の太陽のもとでリンゴを見れば赤く見える。昼間の太陽は赤や緑や青に見える波長を含んでいて，リンゴは青や緑に見える波長の光を吸収し，赤に見える波長の光を反射するからである。では赤の波長を含まないような光，たとえば緑色の光の中でリンゴを見たらどうなるだろうか。原理的には光はすべてリンゴに吸収されてしまうので，黒く見えるはずである。

　ここからわかる重要なことは，眼球の中の網膜が捉えた光の波長からモノの色を特定することはできないということである。ここでもやはり不良設定問題が現れる。網膜が捉える波長が同じになるよ

うなモノの色と照明の組み合わせは無数に存在する。たとえば赤い照明の下にある白い紙と，白色光（たとえば蛍光灯）の下にある赤みがかった紙。これらは同じ波長の光として目に届く。

　少しややこしい話になったので，まとめてみよう。私たちは目に入った情報，つまり網膜像を使って周囲の世界を認識する。ところが網膜像だけではモノの形や色，より一般的にいえば，周囲の世界の構造や状態を一意に決めることはできない。不良設定問題である。そのような状況で，昨日と今日で見え方が変わるとか，見ているうちに色が変わるというようなことは起こるのだろうか。経験的には，私たちは非常に安定した，一貫した世界を認識しているように思える。では，私たちが認識している世界はどのようにつくられているのだろうか。

1.7　認識のゴール

　ここで，シェパード錯視（図1.5）についてもう一度考えてみよう。繰り返すが，網膜に映った像の形は左のテーブルも右のテーブルも同じである。にもかかわらず，左のテーブルは細長く，右のテーブルは真四角に見える。

　これには形の恒常性という認識の仕組みが前提となっている（ただし恒常性だけがシェパード錯視の原因というわけではない）。現実の世界では，同じテーブルであっても，見る角度が違えば網膜に映る形は変わる。そのことを経験から学んでいる。だから網膜に映った形をそのままテーブルの形として知覚することもない。もし私たちが網膜像をそのまま知覚しているなら，見る角度が変わるたびにテーブルの形が変わって見えてしまうはずである。しかしそうはならないのである。

　さらに2次元の網膜像から3次元の構造を認識することは不良設定問題なので，テーブルの形を網膜像から特定することはできな

い。実際は長方形ではなく菱形かもしれない。それでも私たちは長方形のテーブルを瞬時に認識することができる。私たちは経験から「テーブルは長方形のものが多い」ということを学習していて，このような制約（自然制約条件とも呼ばれる）を使って網膜像から3次元の構造を認識しているのである。左のテーブルが長方形で右のテーブルが真四角に見えるのは，テーブルの角が直角であるということを前提に，見ている視点を計算に入れているからである。

　網膜像だけを基準にすれば，シェパード錯視はまさに錯視のように思える。「（絵に描かれた＝網膜像に映る）形が同じなのに，全然違う形に見えてしまう……」というわけである。しかし，そのテーブルがどういう形をしているのかという「モノの世界」を基準にすれば，これは全く錯視ではなく，テーブルの3次元構造を正しく推定しようとしていることになる。つまり私たちの認識のゴールは，カメラがレンズに入った光を記録するような仕方で光に反応する網膜像の状態を捉えることではなく，網膜像を手がかりとして，認識の対象とするモノの3次元の構造を捉えることにある。だから現実の世界では視点が移動して網膜像に映るモノの形が変化しても認識されるモノの形は変わらないし，シェパード錯視では網膜像において同じ形が，全く違う形として認識される。

　チェッカーシャドー錯視（図1.6）も同様に理解できる。紙に塗られた，つまり網膜像におけるAのマスとBのマスの色は同じである。しかしBのマスの方がずっと明るく（白く）見える。網膜像でのモノの色は，モノ自体がもつ性質と照明などの環境光で決まる。チェッカーシャドー錯視の図形をよく見てみると，Bの領域は右側の円柱の影になっている。すると私たちは次のように考える。考えるといっても，意識的に言葉を使って考えるわけではなく，無意識のうちに脳が自動的に処理するわけだが，「Bのマスは網膜像ではかなり暗い色だけど，この領域は影になっているので，

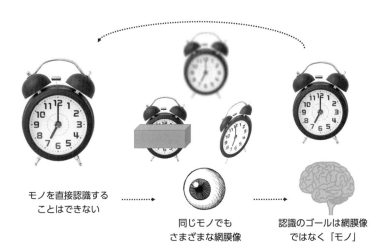

モノを直接認識する
ことはできない

同じモノでも
さまざまな網膜像

認識のゴールは網膜像
ではなく「モノ」

図 1.9　同じモノでも，視点，照明，そのほかの影響により，さまざまな見え方＝網膜像を生み出す。認識のゴールは，そのような網膜像を捉えることではない。網膜像を手がかりにして，そのような網膜像を生み出すモノの性質を捉えることである。

本当の色よりも黒っぽくなってしまっているはずだ。だとしたら，Bのマスの本当の色は，もっと明るいに違いない」となる。

　私たちは経験を通して，影がかかると目に入るモノの色が暗くなることを学習している。これを制約（自然制約条件である）として，網膜像からモノの色を認識しているのである。シェパード錯視と同じように，やはりAのマスがBのマスよりも暗く（黒っぽく）見えるのは，網膜像だけを基準にすれば錯視のように思えるが，認識のゴールはあくまで網膜像を通して対象となるモノの色を捉えることになる。だからモノ自体の性質を基準にすれば，チェッカーシャドー錯視はもはや錯視ではなく，正しい知覚と言ってもよいのかもしれない。

　知覚の不良設定問題がどのように脳の中で解かれているのかという問題は，現在でも完全には解明されていない。しかしこれらの

錯視は，私たちの認識について多くのことを教えてくれる。私たちは世界の中にポツンと置かれたカメラではない。認識のゴールは，目に入ってきた情報，網膜に映った像を知覚することではない。図1.9 で示すように，目に入ってきた情報を通して，その情報を生み出した対象を捉え，理解し，知ろうとすることが，認識のゴールなのである。

1.8　多義性の中の唯一性

　認識のゴールが目に入ってきた情報からその情報を生み出した対象を捉えることである以上，現実は不良設定問題であり，可能な解釈は無限に存在する。しかし私たちはほとんど常に，何らかの特定の像，それもかなり現実に近いと思われる像を，唯一のものとして瞬時に認識する。シェパード錯視のテーブルを見て，どのような形なのかとあれこれ考えたり悩んだりはしない。この過程では，無限の可能性のなかで，何らかの方法で唯一の解釈を選び取る必要がある。では，どのような解釈が選び取られるのだろうか。

　身も蓋もない言い方ではあるが「最もありそうな」解釈を選び取ると考えられている。「最もありそうな」解釈を決める上では，時々刻々と目に入ってくる情報はもちろん世界を認識するための大事な手がかりだが，それだけではない。周囲の世界と相互作用するなかで，私たち自身が何を経験してきたか，私たち自身がどういう状態にあるのか，そのようなことも含めて，無限の解釈の可能性に濃淡がつけられ，まるで不良設定問題など存在しないかのように一意の解釈が生まれる。

　このことを実感できる錯視として，クレーター錯視を紹介しよう（図 1.10）。図中に配置された丸いモノの凹凸感を判断してほしい。多くの場合，左の 8 つは出っ張っているように認識され，右の 8 つは凹んでいるように認識される。実は左の 8 つと右の 8 つ

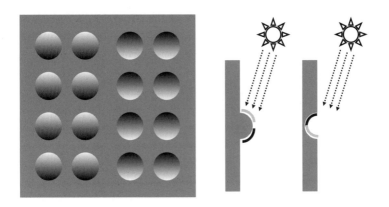

図 1.10　クレーター錯視。多くの場合，左の 8 つの丸は出っ張っているように，右の 8 つの丸は凹んでいるように認識される。これは「光は上から射す」という私たちの経験によるものである。

の違いは，画像の丸の部分の上下を反転しただけである。なぜそれだけで，凹凸感に反転が生まれるのだろうか。

　2 次元画像から奥行方向の凹凸を推定するという状況は不良設定問題となっていて，図 1.10 のような画像を生み出す 3 次元構造は無限に存在する（図 1.7 を参照）。だから画像から一意な解釈を生み出すことはできないはずである。ところが私たちは生まれてからずっと地上生活を送るなかで，多くの場合，光源は上方にあり，光は上から射すということを暗黙のうちに学習している[8]。この経験を仮定して再び図 1.10 を見れば，凹凸はもはや不定ではない。図 1.10 の右は，クレーター錯視の断面図を横から眺めたものである。丸が出っ張っている場合，光が当たる上側が明るく，逆に下側は暗くなる。一方，丸が凹んでいる場合には丸の下半分に光が差し込む

---

[8]　平均的な光源位置の仮定について調べてみると，実際には真上よりも少しだけ左にずれているらしい (Sun & Perona, 1998)。理由については読者に考えてみてほしい。

ので明るく，上半分は影になるので暗くなる。そのような複雑な仕組みを私たちの視覚系は学習していて，図1.10を見た瞬間に凹凸の解釈が定まるのである。ただし，どの程度出っ張っているのか，あるいはどの程度凹んでいるのか，という点については一意に決める手がかりはない。だから，凹凸の量については人によって感じ方が異なるかもしれない。

このように，私たちは周囲の世界との相互作用の中で，周囲の世界のあり方に関するルールを暗黙のうちに学んでいる。これを使って，無限の解釈の可能性の中から最もありそうなものを選び取り，一意な認識を得るのである。

クレーター錯視の光源のように，生まれてからずっと経験し続けたことだけが，解釈の一意性をもたらすわけではない。見ている私たちのその時々の状態，あるいは直近の経験，たった一つの気づき，そういったものも解釈の選び取り方を左右する。

図1.11はCoffer錯視と呼ばれるものである。この錯視を初めて見た読者には，おそらく縦線と横線でできた長方形の模様が見えるに違いない。立派な洋風のドアや壁，あるいは板チョコのようなテクスチャである。しかし，別の見方も可能である。別の見方をすると，16個の丸が浮かび上がってくる。しばらく眺めて，どこに丸があるのか探してみてほしい。人によっては，ドア風の見え方から抜け出すのが難しいこともある。その場合は，丸がある場所をその次のページの図1.12に示しておいたので，確認してからもう一度図1.11を眺めてみよう。縦線の模様が入った平板の上に，横線でできた丸形のモノが16個きれいに並んでいるのが見えるだろう。もしかしたらさらに別の見え方もあるかもしれない。

16個の丸が見える前と見えた後で，もちろん目に入ってくる情報はなんら変わっていない。変わっているのは，目に入ってきた情報を処理する私たちの方である。脳の中の視覚情報処理に可塑的な

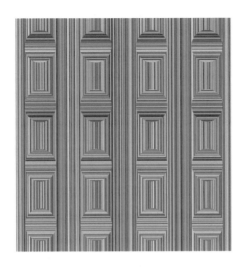

図 1.11　Coffer 錯視（A. Norcia, 2006. 掲載の図は喜田悠功氏作成）。最初は縦線と横線，つまり長方形の模様が描かれた板のように見える。しばらく眺めていると，16 個の丸い模様が浮かび上がってくる。わからない場合は，次のページの図 1.12 を見てからもう一度 Coffer 錯視を見てみよう。

変化が起きたのである。たったそれだけで，世界の解釈はガラリと変わる。強調しておくが，Coffer 錯視のような状況は決して珍しいものではない。白黒の斑でできた模様を眺めていると，ふとした瞬間に犬が見えるという「グレゴリーのダルメシアン犬」なども有名な例である。

　私たちは普段の生活の中で，唯一の正しい世界のありようを正しく認識しているかのように感じている。そのことがまさに錯覚であり，これらの錯視からもわかるように，目に入ってきた情報を生み出す無限の可能性の中から，過去の経験であったりその時々の気づきであったり，そういったものを手がかりにして，その都度唯一の解釈を選び取り，認識しているのである。

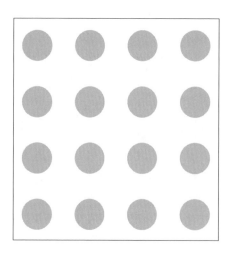

図 1.12　Coffer 錯視で 16 個の丸が見える場所。ここに丸があるのだと強く思い込んでから，再び図 1.11 の Coffer 錯視の中で丸を探してみよう。

　ところで多くの場合「最もありそうな」唯一の世界を解釈として採用するが，解釈が定まらないこともある。図 1.13 はネッカーキューブと呼ばれる多義図形である。このような多義図形をじっと眺めていると，知覚交替と呼ばれる現象が起こり，二通りの見え方が行ったり来たりする。当然，網膜に映る像は全く変化していないわけだから，そのような網膜像を生み出しうる複数の解釈の中から，どの解釈を採用するかが時々刻々と変化していると考えることができる。

　ネッカーキューブのような多義図形は，複数の解釈の「ありそうさ」が等しくなるように巧みに設計されているものである。通常では，複数の「ありそうさ」が等しいような状況はあまり存在しない。だから知覚交替のような現象を普段から経験することはない。しかしここで強調したいのは，多義図形や知覚交替が決して特殊な状況なのではなく，私たちが普段認識している世界の背後には，常

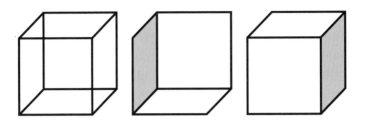

図 1.13 左は多義図形として有名なネッカーキューブ。主要な見え方は二通りで真ん中のように少し下から眺めているように解釈したり，右のように少し上から眺めているように見えたりする。

に別の解釈がありうるということである。網膜像に映るモノの形が同じだとしても，昨日見た世界と今日見る世界が変わるのは決して不思議なことではないのである。昼間見た壁のシミが，夜にはお化けに見えている。これは決して奇妙なことではなく，ここまで説明してきた知覚の構造を考えれば，むしろ当たり前のことなのかもしれない。

1.9 真実は蜃気楼のように

繰り返すが，私たちは普段の生活の中で，世界のありようを正しく映し出した唯一の姿を認識しているかのように感じている。このうち「唯一」の姿が実は否定されるということは，前節で述べたとおりである。ここでもう一つ「正しく」ということについても触れておこう。

筆者は細々と錯視研究を進めている。錯視を見つけたり，錯視について講義したりすると，必ず聞かれることがある。「どうやって錯視を見つけるのですか？」という質問である。詳しく説明する時間がないときは模範解答として「常々，正しい見え方になっているか，アンテナを張っておく」と答えているが，果たしてこれで満足な答えになっているのだろうか。

ここで「正しい見え方」という考え方が前提としているのは，私たちの認識とは無関係に事実としての外界が厳然と存在していて，私たちはそれらに関する情報を受け取って認識しているという世界観である。だから，その事実としての外界と主観的経験である認識が一致していれば正しく，一致していなければ錯視となる。この考えは一見わかりやすい。しかし，あるモノを見た際に，正しく見えているのか，それとも錯視が起こっていて正しく見えていないのか，どうやってこれを判断することができるのだろうか。

　具体的な例を考えてみよう。図 1.14 はきらめき格子錯視と Ninio の消失錯視という，2 種類の有名な錯視である。きらめき格子錯視では，チカチカと現れては消える黒い点は実際には存在しない。存在はしないが，認識はされる。では，その黒い点が実は存在しないものであり，錯視として見えているということを，私たちはどうやって知ることができるのだろうか。

　Ninio の消失錯視では，少し目をそらしたら，先ほどまで見えていたはずの黒い丸は消えてしまう。ここで消えるという意味は，見えづらくなるとか，視界の外にはずれてしまうということではなく，まるでそれが存在しないかのように，灰色の線のパターンで埋め尽くされてしまうということである。その証拠に，右下の画像のように灰色の線がなければ 9 個の点は確実に見える。では，これが Ninio の消失錯視で黒丸が消えたのではなく，錯視として見えていないだけだということを，私たちはどうやって知ることができるのだろうか。

　おそらくは，次のような推論でこれが錯視であると納得するに違いない。つまり，この図は錯視として紹介されているし，紙に書かれたものが消えたり現れたりするはずがない。だから，存在しないものが現れるのも，存在するものが消えるのも，事実としてそういうことが起こっているわけではないのだ，消えて見えるのは錯視が

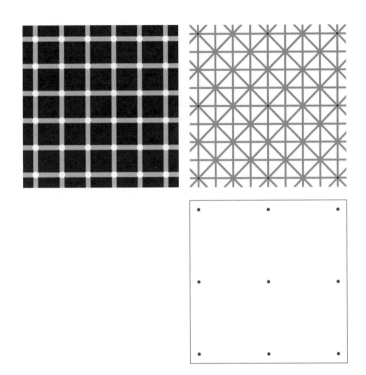

図 1.14　左上はきらめき格子錯視 (Schrauf et al., 1997)。灰色の線が交わる白
い丸の中に，黒い点がチカチカと現れたり消えたりする。実際には，その
ような黒い点は存在しない。右上は Ninio の消失錯視 (Ninio & Stevens,
2000)。画像の上には白枠の黒丸が全部で 9 個あるが，一度に認識できる
のはせいぜい 3 個から 4 個程度であり，それ以外の黒丸は存在していない
かのように認識される。右下は Ninio の消失錯視から，灰色の線を消した
もの。

原因なのだ，と。しかしここで注意してほしい。見えているものや
認識しているものが正しいのか錯視なのかを判断するためには，錯
視として紹介されているからとか，紙の本だからとか，変化するわ
けがないからといった，その場その時の見えや認識そのものの外に
ある知識，前提，思い込みなどを総動員することが必要なのである。

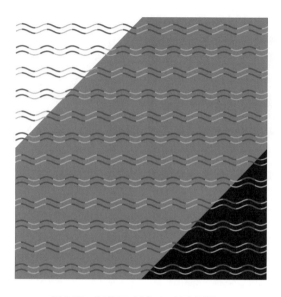

図 1.15　曲がり盲 (Takahashi, 2017)。

　図 1.15 は筆者が 2015 年頃に発見して，インターネット上や SNS などでそれなりに話題となった「曲がり盲」という錯視である。図の中で，背景がグレイの領域にはジグザグの折れ線とウネウネの曲線が二本ずつ交互にあるように見えるが，実際は線の形はすべて同じで，曲線である。線には明るい部分と暗い部分があるが，明暗の境界に注目してほしい。折れ線に見えるものは「曲がり」のあたりで明暗の境目がある。これにより「曲がり」が見落とされ，折れ線に見えてしまう。ところが白い背景，黒い背景の領域では，すべての線が正しく曲線に見えやすい。

　ここで，曲がり盲の発見の経緯を紹介しよう。筆者はプログラミング言語を使って錯視をつくるという作業を普段からよく行っていて，この作品はインターネット（Facebook）上で見つけた錯視を再現しようとして偶然見つけたものである。ある日，Facebook 上

で，面白そうな錯視のパターンが投稿されているのを見かけた（なお，投稿者は錯視の大家，北岡明佳氏である）。そうすると，同じものをつくって原因を探ったり，少し改造してもっと強力な錯視をつくったりしてみたくなる。そのときも早速，同じような図形を表示するコンピュータプログラムを作成して実行してみたところ，似たような図形が画面に表示されたものの，何かが違うことに気づいた。そもそも，あるはずのない折れ線が表示されている。

そこでまずはプログラミングのミスを疑い，プログラムコードを精査してみた。だが，どう考えても折れ線が表示されるはずがない。そこで画像表示の際に自動的に調整しているのかと疑い（多くのコンピュータ画像は信号圧縮や見やすさなどのため，勝手に細かく調整されている），限界まで拡大したり，別の画像形式にもしたりして，確認してみた。ディスプレイのせいなのかと疑い，印刷して見たり，別のディスプレイで見たりもした。しかしどれだけ検証しても，物理的には曲線のものが知覚としては折れ線になっていると考えざるを得なかったのである。

ここで何をしているのかというと，自分の知覚が「正しい」のか，それとも錯視が起こっているのかを検証する作業である。別の錯視を発見したときも同様で，たとえば色に関する錯視を発見したときは，画面上の色をカラーピッカーで調べたり，ディスプレイの特性のために色が変わっているわけではないということを，写真を撮って検証したりもした。

錯視が本当に錯視であると主張するのは，場合によってはこれだけ大変なのである。事実，筆者が「曲がり盲」を公表して SNS などで話題になったときには「画像が粗いせいで実際に曲線ではなく折れ線になっているはずだ（だから錯視ではない，自分は「正しく」認識しているのだ）」というような反応も多数あった（この主張は「Ninio の消失錯視は自分が見えていない間は本当に消えてい

るのだ」と主張することと論理的には等しい)。前提を疑えば，錯視はもはや，正しい認識のように思えてしまう。

　さてこの点が最も重要なのだが，逆に，見えている世界が正しいものであるということを，私たちはどうやって保証することができるのだろうか。世界のありようは認識を通してのみ私たちに利用可能なのだから，私たちの認識そのものによって，その認識が正しいのか，正しくないのかを判断することは論理的に不可能である。錯視ではないと主張するためには，本来は，先に述べたような錯視を錯視と主張するための検証作業と同じだけのことが必要である。しかし現実の中でそこまでやる人はいない。やるとしても過去の経験，文脈に照らしあわせて，その時その場でありそうなこととそこまで大きく乖離していない，という程度のものだろう。

　もしあなたが「曲がり盲」の図形をインターネット上で見つけ，何も知らずにただ眺め，そこに折れ線と波線を認識し，「つまらない」と思って立ち去ったとする。あなたにとって，そこに折れ線と波線があることは，過去の経験，文脈に照らしあわせても，そこまで変なことではない。だから事実としては曲線なのに，あなたにとってはただ折れ線を見ているという認識だけが生まれる。この議論が，あなたが普段から見ているあらゆる世界のあらゆる認識にそのまま当てはまることは容易に理解できるだろう。だから簡単にいえば，見えている世界が正しいものであるということは全く保証されていないのである。

　事実としての世界は知覚とは独立して存在するのか。知覚は何を志向しているのか。このような問いは尽きないが，これ以上は知覚の現象学などの哲学的議論の助けを借りる必要がある。本書ではそのような議論にまで踏み込む余裕はないし，筆者にその能力も勇気もないので，ここまでで止めておこう。

繰り返すが，私たちは普段の生活の中で，世界のありようを正しく映し出した唯一の姿を認識しているかのように感じている。このうち「唯一」は否定され，「正しく」は肯定も否定もできないということがわかった。事実としての正しい世界が存在するのか，存在する必要があるのかどうかはわからないが，これから認知心理学の議論を進める上で，今この問題を結論づける必要はない。必要なのは，事実としての外界が存在していて，われわれの認識はそれを正しく捉えているか（通常の知覚），間違って捉えているか（錯視）のいずれかである，という世界観を一旦保留することである。

　さて，1.5 節以降，錯視の紹介から始まり，知覚の構造，不良設定問題，多義図形，認識のゴールと，話が込み入ってきたので，ここで要点を整理しよう。

① 認識や知覚のゴールは，目や耳に入ってきた情報（感覚情報）を直接的に捉えることではない。
② 認識や知覚のゴールは，感覚情報を生み出している世界の状態を捉えることである。
③ あるひとつの感覚情報に対応する世界の状態は無限に存在し，感覚情報だけで世界の状態を一意に決定することはできない（不良設定問題）。
④ 不良設定問題を解決するために，感覚情報に加えて過去に経験や学習したことも利用し，感覚情報を生み出すなかで，「最もありそうな」世界が採用される。
⑤ 認識や知覚が正しいかどうかを問うことは，無理筋である。

コラム 錯視発見のすゝめ
── 錯視の発見に至るふたつのアプローチ

錯視研究者として「どうやって錯視を見つけるのですか？」とよく聞かれることはすでに述べたとおりである。先の議論では，たまたま発見するタイプについて触れたが，筆者の考えでは錯視の発見の仕方には大きく分けて 2 つのタイプがある。ひとつは構成型錯視（ネーミングは筆者による）というもので，人間の視知覚の性質などをよく理解した上で，錯視現象が起こるようなパターンを予測して構成的に錯視を開発するものである。このアプローチは「言うは易く行うは難し」であり，錯視開発者の天才性の為せる技である。たとえば錯視の大家である北岡明佳氏，数理工学者で近年は不可能立体などの衝撃的な錯視作品を開発している杉原厚吉氏らは，このような手法で新しい錯視作品を生み出し続けている（と筆者は理解している）。

もうひとつは発見型錯視（ネーミングはやはり筆者による）というもので，風景を眺めていたり，パソコンでデザインをつくっていたり，アート作品をつくっていたり，あるいは既存の錯視をいじっていたりするなかで，たまたま錯視を発見するというものである。筆者自身は圧倒的に後者のタイプで，これまで発見した錯視はすべて偶然の産物である。

ところで発見型錯視のアプローチなら簡単に錯視を発見できるかといえば，まったくそんなことはない。なぜなら本文中でも説明したように，見ているものが錯視なのか錯視ではないのかは，本当は見ただけではわからないからである。たとえば錯視によって動きが見えたとしても，それは通常は何かが動いたと判断して見過ごされるだけである。だから発見型錯視には，錯視を嗅ぎつけるセンスが必要である。この状況でこういう見え方が起きるはずがないとか，何かが動いたが本当は動きが見えるはずがないとか，そういったことを目ざとく見つける能力が重要である。これは裏を返せば，その場その場での「正しい」見え方についてよく知っている必要があるということを意味する。逆説的ではあるが，錯視を見つけるためには，「正しい」見え方を知っている必要があるのである。

本文中の「どうやって錯視を見つけるのですか？」という質問に対する答え，「常々，正しい見え方になっているか，アンテナを張っておく」とは，そういうことを意味している。

こういった状況だから，世の中には未だ発見に至っていない錯視が多数あるに違いない。日常のありふれた風景の中にもたくさんの錯視が紛れ込んでいるかもしれない。しかし私たちはそれを「正しい」見えだと思い込んでスルーしているに違いない。だからこれを読んだ皆さんは，錯視発見の意識をもって日々を過ごしてほしい。そして「あれ？　変だな？」という感覚を研ぎ澄ましてほしい。

　なお，発見型錯視のアプローチのなかで錯視らしきものを発見した際に，それが本当に錯視であることを確認するためには膨大な作業を要することもあり，専門家でないと難しいような検証作業もある。もしあなたが錯視らしきものを見つけて，しかし検証の仕方がわからない，ということがあれば，筆者までご連絡ください。

1.10　パレイドリアは奇妙で特異な知覚現象か

　ここまで長々と錯視や知覚について論じてきたのは，本書の中心的なテーマであるパレイドリアやアニマシー知覚の位置づけを明確にするためである。∵ が顔に見えてしまうパレイドリアや，点の動きに心や意図を感じてしまうアニマシー知覚は，確かに不思議な現象ではある。本当はそこにあるはずのないものが見えてしまう，頭ではわかっているのに拒否できない。これらを，奇妙で特異な知覚や認知のエラーとして片付けてしまうことができれば，話は簡単である。しかし本当にそうだろうか。通常の知覚や認知と比べて，パレイドリアやアニマシー知覚では何か変なことが起こっているのだろうか。これまで紹介した知覚の構造や認知の特性を考えると，これらの現象は決して奇妙で特異なものではなく，そう認識することが必然であるようにも思えてくる（図1.16）。

　認識や知覚のゴールは，目や耳に入ってきた情報を直接的に捉えることではなく，それを生み出す世界の状態を捉えることである。そして事実としての外界という世界観を一旦は保留するべきとした。このことを出発点とすれば，∵ をそのまま点の集合として見

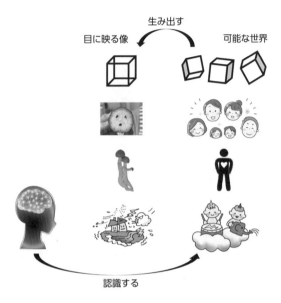

図 1.16　知覚の構造とパレイドリアやアニマシー知覚。これらの現象は，よく考えてみるとかなり近い構造を持っているようにも思える。

るのではなく顔として見ることも，しめじをただのしめじとして認識するのではなく，その裏に心や意図を仮定して認識することも，あながちおかしなこととは言えない。

　不良設定問題の解決の中で，「最もありそうな」解釈が採用されることを見てきた。「ありそうさ」の性質は物理的な制約だけによるものではなく，私たち自身と世界との長期的あるいは即時的な相互作用によって決まる。私たちに入力される情報は，世界を認識するためにはいつだって不完全である。不完全な入力から，ありそうな世界を組み立てなければならない。これまでの経験や自分がおかれている状態などの文脈まで総動員して，1 の情報から 100 の世界を組み立てなければならない。ならば，∵ が顔に見えることも，しめじに対して心や意図がありそうなものとして認識することも，

それほど不自然なことではない。

　だからパレイドリアやアニマシー知覚について考察し，通常の知覚や認知と比較するということは，決して奇妙で特異な知覚経験の面白さを吟味するというだけにとどまらず，知覚一般や認知一般を理解する上で重要な手がかりを与えてくれるはずである。

　次章以降では，パレイドリアとアニマシー知覚についての心理学，認知科学，脳科学，工学などの分野での研究を紹介しながら理解を深めていく。その後に第6章で再び筆者の妄想を交えながら，より広い視点から過剰に意味を創り出すという私たちの認知の仕組みについて触れてみよう。

パレイドリアの認知心理学

第2章と第3章では，パレイドリアとその周辺領域について議論していく。まずは，パレイドリアという現象について考察し，認知心理学や脳科学などの分野で行われてきたパレイドリアを用いた実証的な研究や基礎研究について紹介する。はじめに，パレイドリアという言葉の定義について説明しよう。

2.1 パレイドリアとは

薄暗い墓場で枯れすすきが風に揺れれば，それがお化けに見えてしまうこともある。あるいはヒュルルという複雑な風の音は，お化けの囁きのように聞こえるかもしれない。布団に入り天井を眺めると，シミの形が動物に見えてくる。コンセントの差込口は，笑顔で私を見つめてくる。「∵」のように点が3つ並んでいるだけで，顔が見えてしまう。読者の中にも，このような経験がある人は少なくないだろう。これらはすべてパレイドリアと呼ばれる心理的な現象が関わっている。

2.1.1 パレイドリアとは――暫定版

本書のサブタイトルにもなっている「パレイドリア」という言葉は，どのくらいの人が耳にしたことがあるだろうか。試しにインターネットで「パレイドリア」という言葉を画像検索してみよう。モ

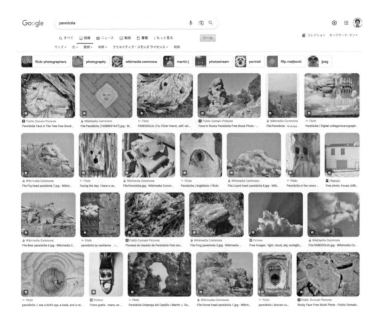

図 2.1 Google 画像検索で「pareidolia」を検索した結果（クリエイティブ・コモンズ ライセンスのみ。2023 年 3 月アクセス）。

ノのような，顔のような，よくわからない面白い画像をたくさん見つけることができる（図 2.1）。Google で「pareidolia」という言葉を検索してみると，ヒット件数は約 251 万件と出てくる（2023年 3 月アクセス）。日本語の「パレイドリア」では 6 万 5 千件ほどのヒットがある[9]。Wikipedia にも「パレイドリア」という単語のエントリーがあるので，全く知られていない，ということはなさそうである。では「パレイドリアとは何か？」と聞かれたときに，即

---

9) ただし日本語の「パレイドリア」に関しては，ボカロ P（VOCALOIDを使用して楽曲をつくる音楽家）でシンガーソングライターの須田景凪氏が 2019 年 1 月に同名の楽曲とミュージックビデオを発表して話題になったので，その分の件数が含まれている。

座に答えることはできるだろうか。

　筆者はパレイドリアについて研究しているが，この言葉の定義については悩ましい。まずはいろいろな定義を確認するべく，大学の図書館で事典や辞書を漁ってみた。そこで初めてわかったことなのだが，インターネット上ではよく（？）見かける「パレイドリア」という単語は，事典や辞書にはほとんど記載がないのである。『日本語新辞典』初版（小学館），『大辞林』第三版（三省堂），『広辞苑』第七版（岩波書店），『日本語大辞典』第三版（講談社），『日本国語大辞典』第二版（小学館），いずれも記載がなかった。パレイドリア研究者として，この事実はいささか驚きであった。唯一記載を見つけられたのが『世界大百科事典』初版（平凡社）のみであった。なおインターネット上では以下のような説明が見つかる。たとえば Wikipedia では「パレイドリアとは，心理現象の一種。視覚刺激や聴覚刺激を受けとり，普段からよく知ったパターンを本来そこに存在しないにもかかわらず心に思い浮かべる現象を指す。」と説明されている（2023 年 3 月アクセス）。『実用日本語表現辞典』には「意味のない対象に，特定の意味を認識してしまう幻視（錯覚）の一種。」とある（2023 年 3 月アクセス）。『デジタル大辞泉』(小学館) では，「視覚や聴覚で得たデータを，既知のパターーン認識で解釈してしまう心理現象。」とある（2023 年 3 月アクセス）。それぞれ表現は多少異なるものの，共通項として，ある対象に対して，実際には存在しないものを認識してしまうような心理的な現象であるということが見えてくる。

　図書館で唯一見つかった『世界大百科事典』（実はインターネット上にもデジタル版が存在する）には「精神医学の用語。空の雲が大入道の顔に見えたり，古壁のしみが動物に見えたりするように，対象が実際とは違って知覚されることをいう。」とある。このように精神医学でも専門的な用語として「パレイドリア」という言葉が

使われる。たとえばレビー小体型認知症の患者には，人や動物など がはっきりと見えるという錯覚，つまりパレイドリアが生じること がよくある。

　しかし精神医学におけるパレイドリアは，一般の人が経験するパ レイドリアとは多少意味合いが異なるかもしれない。レビー小体型 認知症を例に取れば，錯覚として現れた人や動物が，見えている人 にとっては本当にその場にいるという存在感をともなって現れるの である。普通は，コンセントが顔に見えたとしてもそこに顔がある と信じ込むことはない。つまり，日常的なパレイドリアは「そう見 える」「そう聞こえる」という鮮明な知覚経験はあるものの，それ が偽物であるということに自覚的であり，見えたものや聞こえたも のの存在感はともなわない。ただし，お化けを信じている人が墓場 でお化けを見たときには（何かがお化けのように見えてしまったと きには），本当にお化けがいるように感じるだろうから，その境界 は現象としては曖昧なものかもしれない。このような精神医学の中 のパレイドリア，そしてパレイドリアの存在感の問題については， 3.5 節で議論する。

　本章では，認知心理学や脳科学などの分野で共有されている概 念，そして一般に広く知れ渡っている概念としてのパレイドリアを 考える。つまり「外界に存在する何らかのモノが生み出す視覚，聴 覚，触覚などの感覚入力をきっかけとして，本来のモノとは異なる 有意味なパターンが鮮明に知覚あるいは認識される心理現象」とし てパレイドリアを定義しておく。ポイントは，きっかけとなるモノ が存在すること，有意味なパターンが認識できること，そのパター ンがきっかけとなるモノとは異なること，の 3 点である。したが って，何もない場面で声が聞こえてくる幻聴や，意味のない閃光が 見える幻視などは，パレイドリアには含めない。また，認識された パターンに存在感がともなっているかどうかは問わない。パレイド

リアに関するこのような説明は，第1章の知覚の構造に関する議論を一切無視した，現象の特性のみに着目したものになっている。この説明を知覚の構造の枠組みで捉え直すことが本書の狙いのひとつでもある。

2.1.2　パレイドリアの起源

パレイドリア（英：Pareidolia）はもともとギリシャ語で，$\pi\alpha\rho\acute{\alpha}$（パラ）「そばに」と$\varepsilon\ddot{\iota}\delta\omega\lambda o\nu$（エイドロン）「像，形」が組み合わさったものが語源であるといわれている。実は「パラ」という語は日本でも広く浸透していて，「パラサイト」「パラメーター」「パラメディカル」「パラリンピック」などの「パラ」と同じものである[10]。時間的，空間的，あるいは概念的に，あるモノやコトに付随しているということであり，パレイドリアのポイントのひとつである「何らかのキッカケがあること」に対応する。「エイドロン」はあまり聞き慣れない言葉であるが，物理的な姿かたちというよりは，幻影，神像などを含意したものである。

知覚の研究の文脈で「パレイドリア」という言葉を初めて使ったのが誰なのかは定かではないが，筆者が頑張って調べた範囲で最も古いものとして，19世紀から20世紀にかけて活躍したドイツの哲学者，精神科医のカール・ヤスパースが著書『精神病理学原論』（原著はドイツ語で1913年に刊行）の中で「パレイドリア」という言葉を使っている。ヤスパースは『精神病理学原論』の「知覚の異常」という項目の中で，精神科医として経験したさまざまな事例を実に鮮やかに描き出している。「知覚の異常」では，感覚の過剰

---

10)　「パラリンピック」については，もともと対麻痺を意味する「英：para-plegia（パラプレジア）」と「オリンピック」を組み合わせた造語として考案されたが，現在の公式な説明としては，オリンピックと共に開催されるものとして，ギリシャ語の$\pi\alpha\rho\acute{\alpha}$（パラ）とオリンピックを組み合わせた造語であるとされている。

や減衰，共感覚やデジャブ／ジャメビュなども含む幅広い現象が挙げられているが，そのなかで「外部の対象を誤って解釈する現象」として錯覚を定義し，パレイドリアを錯覚の一種として論じている。ここで，ヤスパースによるパレイドリアの説明を引用しよう。

> 三　パレイドリア（パラ　誤った，エイドス　形）情動もなく，実際にそうだという判断もないが，その錯覚的な形のものを注意をして集中しても消え去らせるとも限らずに，不完全な感覚印象からできてくる空想が，雲や古壁のしみなどから，実物的に明瞭な錯覚的な形象を作り出す。
>
> カール・ヤスパース『精神病理学原論』
> （西丸四方（訳），みすず書房，p.50 より）

この説明は私たちが経験しているようなパレイドリアと類似の現象を指しているものと考えられる。しかし直後に同じくパレイドリアの一例として患者がパレイドリアを経験するさまが記されており，こちらはレビー小体型認知症の患者が経験する実体感や存在感をともなったパレイドリアのことを指しているようにも読める。ヤスパースにとって両者は連続的な現象であり，明確な区別はされていなかったのかもしれない。

2.1.3　パレイドリア・アポフェニア・シミュラクラ

大学の講義でパレイドリアについて紹介すると，「シミュラクラというのを聞いたことがあって，パレイドリアと似ているように思うのですが，何が違うのですか？」と質問されることがある。パレイドリアと類似の概念として，「アポフェニア」と「シミュラクラ」にも触れておこう（図2.2）。

図 2.2　パレイドリア・シミュラクラ・アポフェニアの関係。

「シミュラクラ」を Google で検索すると 8 万 9 千件程度がヒットする（2023 年 3 月アクセス）。この数は「パレイドリア」の 6 万 5 千件を超えるものとなっており，一般的な認知度もそれなりにあると思われる。もしかしたらシミュラクラは知っているがパレイドリアは知らなかった，という読者もいるのかもしれない。なおギリシャ語由来のパレイドリアとは異なり，シミュラクラ（英：Simulacrum, 複数形は Simulacra）は，ラテン語の simulacrum（シミュラクルム）「類似」「似顔絵」が語源といわれている。

　パレイドリアとシミュラクラはともに同じような概念を示すものだが，パレイドリアが見えてしまう「現象」を示すのに対して，シミュラクラは見えてしまう現象のきっかけとなる「モノ」を指し示す意味合いが強い。たとえば「∵」はパレイドリアを引き起こして，私たちはそこに顔を認識する。このとき，「∵」は顔のシミュラクラ（＝類似物）である。したがって，パレイドリアを生じさせるモノ＝シミュラクラと考えておけばよいし，「シミュラクラ現象」といえば，それはパレイドリアとほぼ同義であると思ってよいだろう。逆に，きっかけとなるモノを対象として「パレイドリア」と呼ぶことには違和感がある。また，「パレイドリア現象」という表現

は「頭痛が痛い」とか「高熱が高い」に近い表現で，やや冗長かもしれない。

　アポフェニア（英：Apophenia）はギリシャ語の $\alpha\pi o$（アポ）「〜から離れて」と $\varphi\alpha\acute{\iota}\nu\omega$（ファイノー／パイノー）「現れる」が語源といわれている。「アポフェニア」を再び Google で検索すると，3 千件程度のヒットがある[11]。アポフェニアとはランダムな事象に対して意味のあるパターンを見つけてしまうとか，あるいは無関係な事象同士に何らかのつながりを見出そうとしてしまう傾向を意味するものであり，1.4 節で紹介した錯誤相関や前後即因果の誤謬などの認知バイアスがアポフェニアの例としてわかりやすい。迷信のようなものも，アポフェニアの一例として理解できる。アポフェニアとパレイドリアを比較すると，パレイドリアの方は知覚的な経験や形像の認識をともなう現象に限られるものである。したがって，アポフェニアはパレイドリアを含む概念であり，パレイドリアは知覚経験をともなうアポフェニアといえるだろう。

2.2　パレイドリアの特徴づけ

　前節でパレイドリアについて暫定的な定義を与えた。このようなパレイドリアを「面白い」と言って片付けてしまうのは簡単なことである。実際に，（筆者の記憶では）2022 年までツイッターには「Face In Things」という名の，日々パレイドリアの写真だけを淡々と掲載し続けるアカウント（@FacesPics）が存在していて，フォロワーの数はなんと 70 万人近くにのぼっていた。2023 年 3 月現在は，インスタグラムに（おそらく中の人はツイッターと同じ）「facespics」というアカウントが存在しており，1 万 2 千人のフォ

---

11)　2023 年 3 月アクセス。実は 2022 年には「アポフェニア」で 6 万件のヒットがあった。Google 検索でヒットする数にはかなりの変動があり，認知度の推定には向いていないかもしれない。

ロワーを獲得している。パレイドリア好きな読者は，ぜひともフォローしてみてほしい。

さてパレイドリアは見ているだけで面白いので楽しむだけならそれで十分なのだが，パレイドリアを研究する者としては「面白い」と言って終わらせるわけにもいかない。だから筆者は日頃から，この現象の特徴は何なのか，通常の知覚との共通点は何なのか，見間違いなど類似の現象とは何が違うのか，といった問いを抱きながら観察，洞察し，たまに実験している。ここでは筆者がさまざまな事例や経験を通して感じていることから，パレイドリアを特徴づけてみよう。キーワードは「可塑性」，「不可逆性」，「非対称性」，「二重性」，「多様性」である。なお，これらの特徴づけは心理学分野において広く認められたものというわけではなく（そもそもパレイドリアを研究する人はそれほど多くはない），本書を執筆するにあたり筆者がまとめた現象の理解という位置づけである。

2.2.1　パレイドリアの可塑性

可塑性とは「変わること」である。物質の可塑性といえば，力が加わることで変形し，その形を維持するという物質の性質である。脳の可塑性といえば，脳の構造や神経細胞の繋がり方が成長，学習，経験などを通して変わることを指す。そしてパレイドリアでは，私たちはたびたび認識の可塑性とでも言うべき現象を経験する。

ここで簡単な実験をしてみよう。まずは図 2.3 を見てほしい。何が描かれているだろうか。もしかしたらこの画像をひと目見ただけで，「見えてしまう」読者もいるかも知れないが，大半の読者にとっては白黒の濃淡でできた無意味な模様として認識されるはずである。

次に，ページをめくって図 2.4 を見てみよう。同じような濃淡の

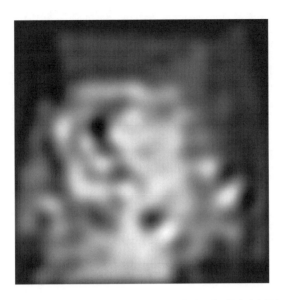

図 2.3 何か意味のあるものが見えるだろうか？ 次ページの図 2.4 を見たあとに，もう一度見てみよう。見えるものはどう変わるだろうか？

模様ではあるが，今度は目や口，鼻に対応する部分があることに気づくだろう。すると模様全体が顔のように認識できる。それに気づいた人は「顔！！」と叫びたくなる。ところで図 2.4 が「顔」なのかと言われれば，怪しいものである。輪郭ははっきりしないし，目，口，鼻以外の場所にもたくさんの濃淡の模様がある。しかし完全に顔とは言い切れないようなモノをきっかけに，鮮明な顔の認識が生まれる。だからパレイドリアの暫定的な定義に従えば，ここでは視覚的なノイズに対してパレイドリアが起こっていると解釈できる。心霊写真の多くは，このような濃淡の模様がたまたま顔のパーツに対応していることで，そこに顔を発見してしまうだけのことである。

　さて，ここでもう一度図 2.3 を見てみよう。何かに気づいただろうか。実は図 2.4 は図 2.3 を上下逆さまにしたものである。そう言

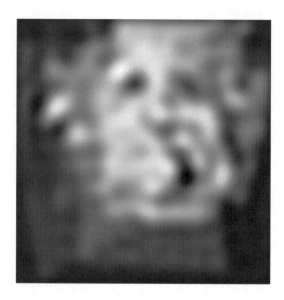

図 2.4　目，鼻，口のような部分に気づくと，顔が見える。この図は前ページの図 2.3 を上下逆さまにしたものである。この図を見たあとに，もう一度，図 2.3 を見てみよう。今度は逆さまの顔が見えるだろうか？

われると，図 2.3 の中に逆さまの顔が見えてくるだろうか。もちろん図 2.3 の画像は先ほどと変わらないので，目に入ってくる情報は顔が見えなかったときから何も変わっていない。変わったのはパレイドリアを生み出す認識の過程である。このような知覚の可塑性は，すでに図 1.11 の Coffer 錯視でも経験している。単純な錯視とパレイドリアの共通点がここに見つかるのである。

　筆者らが行った実験（次節以降で詳しく紹介する）でも，何の説明もなくコンセントやタンスの写真（後述の 75 ページの図 2.12）を数十名に見せたところ，半数程度の人たちはそれらの写真に写ったモノが顔のように見えることに気づかなかった。しかし，顔が見えるということを教えたり，手がかりを示したりすることで，ほぼ

すべての人が同じ写真を顔として認識するようになったのである。このように，パレイドリアでは，見てすぐに発見してしまうこともあるし，見ているうちに誰に言われるでもなく何らかのきっかけで見えてくることも，あるいははっきりとしたきっかけもなく見えてくることもある。自発的には見えない場合でも，多くの場合は手がかりを与えることで認識できるようになる。

　図 2.3 を見た瞬間に逆さまの顔が見える人もいるはずである。最初は顔が見えなかったが，図 2.4 を見ることなしに顔が見えるようになった人もいるだろう。図 2.4 を見た今でもどうしても顔が見えない人もいるかもしれない。あるいは顔以外の何かが見えるという人もいるかもしれない。どのようなきっかけでパレイドリアが生じるのか，そこで何が見えるのか，これには個人差がある。偶然にも左右されるだろう。

　図 1.11 の Coffer 錯視は，同じ画像を見ているだけなのに，先ほどまで見えなかった丸が突然見えるようになる。これが錯視として評価されるのは，そのような認識の可塑的な変化が通常は起こらないからである。ネッカーキューブのような多義図形や Coffer 錯視のように意図的にデザインされた錯視以外では，見ているものが変わらないにもかかわらず，認識だけがガラリと変わるということは日常的にはそれほど頻繁に経験するものではないだろう。普段生活していて，周囲を見渡すたびに，世界の認識の仕方がガラリと変わっていたら，とてもまともに行動できない。ところがパレイドリアではこのような認識の変化はよく見られることである。認識の可塑性，つまり見ているものが同じでも私たちの認識が変わる，ということがパレイドリアの特徴のひとつである。

2.2.2　パレイドリアの不可逆性

　一度割れたコップは，再び元のコップに戻ることはない。このよ

うに変わってしまったら戻らないことが，世の中にはたくさんある。不可逆性とは，状態が一度変化してしまうと，元の状態には戻れないことである。

　さて，ここでもう一度，図2.3を見てみよう。ただし，今度は最初に見たときのこと，つまりまだ顔が見えていなかったときのことを思い出して見てみよう。頭の中から顔のことを追い出して，無意味な模様として認識することに挑戦してみてほしい。そこに逆さまの顔はない，ただの無意味な濃淡の模様であると思い込んで見てほしい。

　どうだろうか。意図的に「見ないこと」はできただろうか。多くの人にとってこれは非常に難しいように思える。ひとたび見えてしまうと，見えなかった状態にはなかなか戻れないのである。実際に筆者らの研究の中でも，コンセントやタンスの写真（後述の75ページの図2.12）を見てもらった上で「顔という認識をしないでください」という指示をしてから実験を行った。しかしどうしても顔を認識してしまうという結果になった。

　知覚の構造の議論に即していえば，網膜像としての図2.3は「無意味な濃淡の模様」という解釈と「逆さまの顔」という解釈の二通りが可能である（本当はもっといろいろな解釈が可能かもしれない）。ひとつの画像に多義的な解釈がありうるという意味では，パレイドリアを生み出す画像は図1.13のネッカーキューブのような多義図形に近いものである。ところがネッカーキューブの場合には，ふたつの見え方が交互に交替する。一般に複数の解釈が存在するようにデザインされた多義図形では，その複数の見え方を意図的に切り替えることができたり，何もしなくても自発的に切り替わったりするのである。図1.11のCoffer錯視でも同様で，丸が見えたあとでも，四角だらけの板だと思いこめば，丸は消えることもある（ただしネッカーキューブに比べると操作は難しいようである）。こ

れに対しパレイドリアでは，一度それが見えてしまったら，それが見えないという状態に戻ることは難しい。絶対に無理というわけではないが，たとえば画像の中の一部分だけに意図的に注目して見るとか，相当な努力を要する。

　多義図形では，視覚的な入力が変わらなくても，複数の解釈がありうるということを経験できる。パレイドリアでもこの点は同様である。しかし大部分の多義図形とは異なり，パレイドリアにおいて認識可能な複数の解釈の間，たとえば無意味な模様と意味のあるパターンの間，コンセントという見え方と顔という見え方との間を自由に行き来できるものではない。このようにパレイドリアでは，一度それが見えてしまうと，見えていない状態には容易には戻れないのであり，このような認識の不可逆性はパレイドリアを特徴づけることのひとつである。

2.2.3　パレイドリアの非対称性

　パレイドリアでは，目と鼻と口に対応するパーツを持ったモノが顔に見える。「似ているものを見間違える現象」とも考えることができそうである。確かに，見間違いは日常の中でもよく起こる。たとえば看板を目にして「ひつまぶし」を「ひまつぶし」と読み間違えるとか，歯磨き粉だと思って洗顔フォームを口に入れてしまいひどい思いをするということもあるだろう。筆者は最近，コンビニで赤ワインを買おうと思って，驚くべきことに白ワインと間違えるということがあった。照明の効果で白ワインの瓶の透明度が下がっていたので，赤ワインの見かけに似ていたようである。家に帰って瓶を取り出した瞬間に，見間違いに気づいて愕然とした。愕然とはしたが，気を取り直して飲み干した。

　果たして本当にパレイドリアは，このような見間違いの一種なのだろうか。ここではパレイドリアの非対称性について考えてみたい。

図 2.5　パレイドリア現象の非対称性。

　図 2.5 の左上の写真はマンホールである。この本を読んでいる人にとっては，モノを「顔」として見る構えができあがっているので，すでにマンホールに対して顔が見えているかもしれない。そうでなくても顔として認識しようと思えば，そう見えてくるはずである。一方，その下には少年の顔が写っている。ではこの少年の顔が，マンホールや，火星の人面岩や，図 2.12（75 ページ）に載せたようなコンセントやタンスに見えることはあるだろうか。そうでなくても，顔以外の何かに見えるだろうか。

　「何をバカげたことを……」と思われるかもしれない。しかし，これはよく考えてみれば不思議なことかもしれない。なぜ無意味な模様やマンホールやコンセントには顔が見えるのに，逆は見えないのだろうか[12]。パレイドリア現象では A という対象に対して，本

12）　筆者がこの話を某講演で話したところ，聞いていた人（西の方のベクション研究者）から「いやいや吉本新喜劇には顔がポットに見える帯谷孝史という芸人がいるがどう思うか」という質問（？）を受けた。あとで写真を眺めたところ，筆者にはどうしてもポットに見えなかったが，顔がほかの何かに見えるという方向のパレイドリアも（稀ではあるだろうが）探せばあるのかもしれない。

来はそこには存在しないBという認識が生じる。この際，AとB
の関係は何でもよいわけではなく，視覚的なパレイドリアであれ
ば，AとBの形態的類似性はパレイドリアを引き起こすための重
要な前提条件である。類似という概念には，双方向性や対称性が含
まれているので，類似がパレイドリアの十分条件となっているなら
ば，AがBの誤認識を引き起こすのと同じように，BがAの誤認
識を引き起こさなければならない。「ひつまぶし」を「ひまつぶし」
と読み間違えるなら，「ひまつぶし」を「ひつまぶし」と読んでし
まうこともあるだろうし，洗顔フォームで歯を磨いてしまうなら歯
磨き粉で顔を洗ってしまうこともあるだろう。ではマンホールが顔
に見えるならば，顔がマンホールに見えるだろうか。現実はそうで
はなさそうである。パレイドリアにおいて，このような双方向的な
誤認識はほとんど見当たらない。何らかの意味で似ていることは確
かにパレイドリアの必要条件なのだろう。しかし，十分条件ではな
い。

　したがって，パレイドリアを引き起こすことができるモノとそこ
に見えるモノはなんでもいいというわけではなく，また入れ替え
可能でもない。これが，パレイドリアが非対称的であるということ
の意味である。おそらくこの非対称性には，1.2節で触れたような
「過剰に意味を創る」という傾向が関係しているのだろう。パレイ
ドリアにおいて，間違えられるもの（マンホール）と間違えて見え
るもの（顔）の間には，どのような関係があるのか。どのようなも
のであれば，間違えて見えるものになりうるのか。この点は，第1
章で議論した知覚の構造も踏まえて，さらに考察や実証を深める必
要がある。しかし少なくとも，見間違いという日常的によく起こる
現象と比べると，類似性という性質は共通しながらも，対称性とい
う性質は保たれていないということがわかる。このような非対称性
も，パレイドリアを特徴づけるもののひとつである。

2.2.4 パレイドリアの二重性

　第1章で繰り返し述べたように，私たちは普段の生活の中で，世界のありようを正しく映し出した唯一の姿を認識しているかのように感じている。このうち，見えているものが世界のありようの唯一の姿であるという点は数々の錯視を考えれば否定されるということも述べた。しかしそれでも，（複数の可能な解釈の中から）唯一の姿が見えている，という点は明らかであるように思えるだろう。たとえば，図1.11のCoffer錯視や図1.13のネッカーキューブにおいて，可能な見え方は典型的にはそれぞれ二通りある。しかし，まさに今見ている姿という意味では，認識されるのはいずれか一つである。Coffer錯視で16個の丸が認識されているなら，縦横線の板という先ほどまでの認識は消える。ネッカーキューブで上から眺めている姿が認識されていれば，下から眺めている姿は認識から消える。意識の研究では両眼視野闘争 (binocular rivalry) という手法がよく使われる。通常，私たちの右目と左目には極めて似通った情報が入力されているが，ちょっとしたトリックを使って右目と左目に大きく異なる情報を入力すると，その両方の情報が同時に見えることはなく，右目と左目のいずれかの情報が認識されるというものである。見え方は時間とともに切り替わるので，たとえば家の画像を左目に，顔の画像を右目に映せば，顔が見えたり家が見えたりするが，それでもやはり家と顔は同時には見えない。このように多義図形や両眼視野闘争では，複数の可能な見え方を与えてもそれらが同時に認識されることはない。

　先ほど挙げた見間違いの例でも，「ひまつぶし」が「ひつまぶし」として誤って認識されていれば，本来の「ひまつぶし」は見えないし，誤りに気づいて「ひまつぶし」と見えたなら，もはや「ひつまぶし」は見えない。歯磨き粉と洗顔フォームの例でも同様である。私たちの認識には，単一性がある。

ところがパレイドリアの場合は，様相はいささか異なるかもしれない。これまでの例で見てきたように，火星の人面岩が顔に見えるとか，マンホールが顔に見える，あるいはランダムなノイズが意味のある何かに見えるというときに，もともとのモノについての認識が消え去るわけではない。つまり，Coffer錯視で四角が丸になるときの知覚経験と，パレイドリアでノイズやコンセントが顔に見えるときの知覚経験には，異なる部分があるのではないか，ということである。四角が認識から押し出されて消えてしまうような感覚は，パレイドリアの場合にはともなわない。マンホールがマンホールに見えなくなるのではなく，マンホールはマンホールなのであるが，それは顔でもある。さらにいえば，顔という見え方が誤りであることもわかっている。誤認識されるモノ（顔）と実際のモノ（マンホール）という二重の認識が生じているのである。

　ふたつのモノが認識されるという事態は決して珍しいものではない。マンホールの横に人の顔があるとき，視覚的注意の容量の範囲内であれば，私たちはその両方を同時に認識することができる。しかしパレイドリアの場合は，別の対象からそれぞれ独立にふたつの認識が生じるのではなく，ひとつのモノがふたつの認識を同時に生じさせるのである。このような認識の二重性は，パレイドリアを特徴づけるもののひとつとして見逃せない。

　ところで顔が「見えている」という言い方が，相当に比喩的であるように思えるかもしれない。本物の顔を見たときに私たちの認識にのぼる顔の見えと同じような見えは，そこには存在していないかもしれない。こう考えると，同時に「本物の見え」とは何なのかという問題が生まれてくる。この問題は第1章で議論した知覚の構造とも深く関わってくるだろう。

2.2.5 パレイドリアの多様性

　これまでのパレイドリアの例では，顔ではないモノに対して顔が見えるという「顔パレイドリア」を中心に紹介してきた。しかし，パレイドリアによって見えるものは顔に限られるものではない。そこで最後にパレイドリアの多様性についても触れておこう。

　「犬・ハート・日本・お化け・クマ・パンダ・マンボウ・横顔・顔・赤ん坊・日本列島」これらは筆者らの実験で報告された「見えたもの」の例である。この実験では図2.6のようなノイズパレイドリアと呼ばれる実験刺激を実験参加者に見てもらい，そこに見えたものを報告してもらっている。ノイズパレイドリアは特に何か特定のモノを模したわけではなく，ランダムなパターンでできている。この点では，これまで紹介したパレイドリアを生み出す画像の例とは質的に異なる部分もある。

　これまでの例で顔に見えるモノとして紹介した画像の場合は，図2.3や図2.4のランダムな濃淡のような画像であれ（これは意図的に目・鼻・口のパーツに陰影がつくようにデザインしている），図2.5で見たマンホールであれ，すべて顔に見えるよう，顔のパーツに対応する場所に特徴的なものが配置されていた。このような場合は，多様性は大幅に制限され，デザインされたものとして顔が見えやすい。

　しかし，必ずしも意図的に何か特定の物が見えるようにデザインされていなくても，私たちはそこに何らかの認識を創り出してしまうのであり，その結果が本項の冒頭に挙げた「犬・ハート・日本・お化け・クマ・パンダ・マンボウ・横顔・顔・赤ん坊・日本列島」である。読者がこれ以外のものを認識していても全く不思議ではない。このように，パレイドリアにおいて見えるものは多様であり，見る人によって何が見えるのかは異なることがある。また，高橋ら（2015）では，ノイズパレイドリア刺激を見た際に，見る人によっ

図 2.6　ノイズパレイドリアの刺激例。

　て見えるものは異なる一方で，同じ人はランダムなパターンに対して同じものを見る傾向があるということを報告している[13]。パレイドリアの多様性を考えれば，誰かには同じ場所を通りがかるたびにいつも見えてしまう幽霊が，ほかの人にはまったく見えない，ということも十分に合理的である。

　2.2.1 項では，パレイドリアの可塑性について，どのようなタイミングで顔が見えるのか，パリイドリアが自発的に起こるのか，といった点には個人差があると説明した。さらに本項では，特定のも

---

13)　高橋英之・伴碧・守田知代・内藤栄一・浅田稔 (2015).「リズムの集団間シンクロが促進するパレイドリア錯覚—没集団行動が生み出すエージェント幻想の脳プロセスの探究—」，日本認知科学会第 32 回大会.

のがデザインされていないノイズパレイドリアのような画像の場合，何が見えるのかという点にも個人差があることを紹介した。このようにパレイドリアは多様性をともなう現象であり，誰かがある画像を見たときに，その画像に対していつ何が見えるのかを予測することは簡単ではない。

　パレイドリアに多様性が認められるということは，視覚的な入力が決まれば認識が一意に決まるような決定的な過程にはなっていないということである。ここにも第1章で説明した知覚の構造との共通項が見てとれる。視覚的な入力そのものは限られた手がかりに過ぎず，これをきっかけに認識を創発的に生み出す。この過程において，いつ何が見えるか予測するのは難しいし，自由度がある。顔パレイドリアのようにきっかけとなる画像が特定の認識を誘発するようにデザインされていれば，多くの人にそのような見え方が起こる。これは図1.10のクレーター錯視において，陰影がつけられることで奥行方向の曖昧性が限定されたことと似てはいないだろうか。だとすれば，周囲の世界との相互作用の中で，私たち自身が何を見てきたか，何を見たいのか，そして今どういう状態にあるのか，そのようなことすべてが，パレイドリアの認識を規定し，多様性を生み出すと考えられる。

　数ある心理検査の中でも投影法の一手法として名高いロールシャッハ・テストでは，このようなパレイドリアにおける認識の特性が大いに利用されているようである。ロールシャッハ・テストでは，図2.7のような図版に対して何が見えるかを被験者に問い，その回答内容や回答の仕方を観察することで，被験者の性格特性や精神状態を推定するものである。1921年にスイスの精神科医ヘルマン・ロールシャッハにより考案されたこのテストは，100年経った今でも心理検査として利用されている。曖昧で限られた入力から認識を生み出す過程の多様性と，その過程に認識する者である私たち自身

図 2.7　ロールシャッハ図版のような画像の例（ロールシャッハ図版を似せて作成したものであり，本物ではない）。

が反映されているかもしれないということに，1世紀も前に着目したのはロールシャッハの慧眼であったといえるだろう。

　このようにパレイドリアの特徴づけのひとつである多様性は，単に見る人によってバラバラというだけにとどまらず，そこで生まれる認識が受け身の知覚ではなく創発的なものであるということを暗に示しているのである。

　以上，パレイドリアの特徴づけとして，第1章で紹介した知覚や認識の構造と関連させながら，可塑性，不可逆性，非対称性，二重性，多様性について考察してきた。「壁のシミが顔に見えてしまう」というそれだけの現象ではあるが，ただ「面白い」と片付けるのでなくその背後まで掘り下げれば，知覚や認識の理解をさらに深めるための手がかりが得られそうである。

　ところでここまでの議論では，主に筆者の経験や観察を通してパレイドリアの特徴づけを行ってきた。実験心理学者としては，このような特徴づけに対して調査・実験による証拠を提示したいところではあるが，「パレイドリアとは何なのか」ということを扱う実証

的な研究は今のところ十分とは言い難い。とはいっても，パレイド
リアは顕在的に経験できる現象であり，ここで挙げたものは現象の
特徴づけとしてそう悪くはないだろう。

　以降，これらの特徴づけを下敷きとして，パレイドリアを用いた
認知心理学的な研究や，社会の中でのパレイドリア，デザイン，美
しさ，文化，そして幻視や現実感との関連など，これまでの研究で
得られた知見をベースにパレイドリアについての理解，パレイドリ
アと私たちの関わりについての考察をさらに進めていこう。

コラム　パレイドリアの男性バイアス

　ここに並ぶ写真はすべて顔のパレイドリアが起こるものである。写
真の中で見えた顔の性別を想像してみてほしい。女性らしく見えるだ
ろうか。それとも男性らしく見えるだろうか。

　最近の研究から，顔パレイドリアとして認識される顔は男性の顔に
見えやすいというバイアスがあることが知られている（Wardle et al.,
2022）。Wardle らは顔パレイドリアが生じる 256 枚の写真について，
そこで見える顔の性別，年齢，感情，顔らしさなどの印象を尋ねると
いう実験を行った。その結果，そのうちの 90％にのぼる画像が男性的
であると評価されたのである。写真に写った物体から連想される性別
（たとえば男性がよく使うような物体であるといった連想）や画像の
特徴から連想される性別（たとえば青は男性，赤は女性といった連想）
などではこの結果は説明できなかったことから，Wardle らはこの現
象を顔パレイドリアにともなう認知的バイアスであると結論づけてい
る。

心理学者の Bailey はこの研究を受けて，「人」を想像，想起する際に男性が優先的に想像，想起されることを指摘するとともに，このような認知的バイアスが男性以外に対する不利益を生み出す可能性があることを議論している (Bailey, 2022)。近年では日本でも大きく扱われるようになったジェンダーギャップの問題は，このような場にも潜んでいるのである。

2.3 顔のパレイドリア

　パレイドリアの多様性（2.2.5 項）で触れたように，特定の形態を意図的にデザインしていないノイズパレイドリアのような刺激に対しては，実にさまざまなモノが認識される。しかしパレイドリアに関する記述，報告，社会での話題（たとえば人面魚，火星の人面岩），日常的な経験，インターネット上の投稿，どこを見渡しても，圧倒的に「顔」が見えるというものが多い。図 2.1 の Google 画像検索の結果をよく見ても，その大半が顔に見える画像である。

　一部の人工物と本物の顔を除けば，私たちの身の回りにあるもの，たとえば草木，岩，建物，道具，そういったものは意図的に顔に見えるようにデザインされているわけではないし，自然が生み出す造形についても顔に見えやすいという必然性はない。日常の中で私たちが見ている世界はどちらかといえばノイズパレイドリアの事態に近いのである。だから顔以外のさまざまなモノが見えてもいいはずだが，現実はそうではなく，やはり顔が見えてしまうことが圧倒的に多い。

　このような理由からか，パレイドリアを対象とした，あるいはパレイドリアを実験刺激として用いた認知心理学の研究でも，顔をモチーフにしたものが大半であり，顔の心理学を参照点としてパレイドリアを理解しよう，あるいは逆にパレイドリアを通して顔の認知を調べようというものが主流である。ここではモノやランダムな模

図 2.8　顔のモザイク。

様を顔として認識してしまう顔パレイドリアを中心に，現在までに
行われてきたさまざまなアプローチの研究を紹介しながらパレイド
リアという現象について考えてみたい。

　なぜ顔が見えてしまうことが多いのかを読み解くには，顔の認識
についての研究が手がかりになるだろう。いうまでもないが，顔は
複数のパーツから構成されている。だからといって，そのすべてが
はっきりと見えていなければ，顔に見えないわけではない。目や口
などのパーツが正しく描かれていなければいけないというわけでも
ない。

　どのような情報が顔を見つけるのに重要なのかという問題は，認
知心理学の中でもかなり初期，半世紀以上前の 1970 年代から研究
が進められてきた。Harmon らは図 2.8 のように顔写真をモザイク
化したり，ぼかしたり（専門的に説明すると高空間周波数情報を
除去して低空間周波数のみを残す）といった操作を加えても，容
易に顔を検出できることを示している (Harmon, 1973; Harmon &
Julesz, 1973)。心霊写真や図 2.4 のようなぼやけた画像が顔に見え
てしまうことを考えると，このような顔検出の認知特性は顔パレイ
ドリアが頻出することの一因となっているといえるだろう。

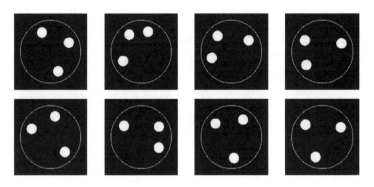

図 2.9　Takahashi らの実験で用いた画像刺激。

　顔の認識では，主要なパーツの相対的な位置関係，つまり全体的情報が重要な手がかりとなっているという話もある。たとえば Sergent はイラストで描かれた顔のパーツや輪郭の位置を変化させて，2 つの顔がどの程度似ているか，2 つの顔が同じ人物かどうかを判断させた。その結果としてパーツ同士の相対的な位置関係が顔認識に影響していることを示している (Sergent, 1984)。また顔を上下逆さまにすると顔の詳細な情報がわかりづらくなるという顔の倒立効果もよく知られている現象である。顔は非常に豊富な情報を含んでいるが，各パーツの微細な情報だけでなく，それぞれのパーツ間の位置関係も，顔の印象を左右する大きな要因となっている。

　Sergent の研究は，顔の「同定（顔が誰であるか）」であり，正確にいえばパレイドリアで生じているような顔の「検出（顔がそこにあるか）」とは異なる処理段階のものである。しかし，パーツの相対的な位置関係は，その対象が顔に見えるかどうか，つまり顔の検出にも強く影響する。筆者らの研究では，図 2.9 のように丸の内側の 3 つの点をさまざまな場所に配置して，その画像がどの程度顔らしく見えるかを評価してもらった (Takahashi & Watanabe,

2014)[14]。その結果，3 点の位置関係だけで，顔らしさは大幅に変化することを示している。逆三角形の配置（たとえば下段の右から2 番目）に対して，非常に強い顔らしさを感じるのである。スマイリーマーク（☺）や絵文字のような，各パーツを見れば顔とは似つかないようなモノが，インターネット上のコミュケーションや街中の看板などで顔としての威力を発揮できるのも，このような顔認知の特性のおかげだと考えられる。

　以上の話を踏まえれば，∵ のように目と口，あるいはそれ以外のパーツであっても，顔のパーツに該当する場所に特徴的な何かがあれば，それは顔として見える。ここで重要なことは，その「何か」の微細な情報は気にしなくてよいということである。人間の目は白目と黒目でできているが，そのような細かい情報は一致している必要はない。何でもいいから，何かがあれば目の役割を果たす。口らしい場所に何かがあれば，それは口になる。横棒でもいいし，あるいはただの点でもよい。このように，私たちは微細な情報を気にせず，モノ同士の位置関係だけから，顔を見つけてしまうのである。

　最近の研究では，どのような物体が顔パレイドリアを誘発しやすいのかを，より直接的に検討しているものもある。Ichikawa らは 30 種類のさまざまな物体の写真を提示して，その写真に「顔が存在するか」「目・鼻・口・眉毛が存在するか」「表情が読み取れるか」「典型的な顔か」などを答えさせる実験を行った (Ichikawa et al., 2011)。これまで紹介した研究では，ぼかしなどの加工をした顔写真や，イラストの顔，点と丸だけの図式的な顔など，顔かどうかが曖昧な刺激を使っていたが，Ichikawa らではコンセント，電話機，家などの，誰が見ても顔ではないとわかる物体を使ってい

---

14)　この研究については，パレイドリアと美しさについての議論（3.4 節）で再び触れる。

る。この点で，パレイドリアの二重性（2.2.4項）が明らかに成立しているという状況である。実験の結果，目が存在すること，表情が読み取れること，口が存在すること，の3項目がパレイドリアの顔検出と相関することが見出された。そのなかでも，特に目の存在が認識できることが，顔の検出に強い影響を与えていることが示されている。当然ではあるが，物体の写真なのでここでいう「目」は白目や黒目などがあるリアルなものではない。逆に，鼻や眉毛に該当するパーツが欠けていても，あまり影響しない。

　以上の話をまとめると，画像がかなりボケていて微細な情報が認識できなくても顔を見つけることができること，目・鼻・口などの顔の主要なパーツの場所に目立つものがあれば，そのモノが実際の目や口のようには見えなくても顔として認識されること，そして何らかの物体に対して「目」があれば，他のパーツが欠けていても顔が見えること，などが明らかになっている。

　ここで最初の問いにもう一度戻り，なぜ顔がとりわけ見えやすいのかという問題を考えてみよう。画像がボケていても顔を認識できることは間違いないが，ボケていると顔以外の物体を見つけられないのだろうか。薄暗い環境にいるときやメガネを外して周囲を見渡したときなど，視界がボケているときは確かにある。そのときに，顔だけしか見えないかというと，なんとなく建物は見えるし，ドアも見えるし，花瓶も見える。顔以外のモノでも，少しぐらいボケていても何があるのかはわかる。だが，ノイズパレイドリアに対して建物を見るとか，ドアや花瓶を見るといったことは極めて稀である。

　顔パレイドリアを引き起こす画像であっても，顔のパーツに該当する場所だけではなく，それ以外の場所にモノや模様が偏在していることもある。たとえば図2.4はたしかに目，鼻，口のような部分がボケて写っているように見えるが，ほかにも画像中に濃淡はたく

さんある。物体が顔に見える場合も同様である。目に該当する場所以外にも，たくさんのパーツがある。それらを組み合わせれば，顔以外のモノに見えてもよいはずである。

　はっきりと見えていなくても顔に見えるとか，相対的な位置関係だけでよいとか，パーツが欠けていても顔になるといった顔の認識の頑健性が，顔パレイドリアが起こる一因になっていることは間違いないだろう。だが，それだけで他のモノではなく顔が頻出することを説明できるのだろうか。この問題に対する答えは今のところ持ち合わせていないのだが，顔以外のパレイドリアでも生き物が見えることが圧倒的に多いという話と関連して，3.6 節で再び触れることにする。

コラム　パレイドリアとソムリエ──熟達の不思議

　私たちは顔の情報処理のエキスパートである。小さい頃からたくさんの人の顔を見て，人物を認識し，表情を読み取り，魅力を感じてきた。最近でこそ高性能の AI の顔認識能力は人間と匹敵するようになったが，少し前のコンピュータでは太刀打ちできないほどの顔認識能力を持っている。ほんの少しの口角や目尻の変化から嘘や作り笑いを見抜いたりする（ように信じている）。顔によって異なる人物を認識し同定しているが，画像としての顔の違いはごくわずかである。このように人物同定でも，表情認識でも，私たちは顔の微妙な差異に非常に鋭敏である。このことと何でも顔に見えてしまうというパレイドリアは相反することのようにも思える。

　ソムリエは訓練により，ワインの微細な味や香りの違いを鋭敏に感じ取ることができる。では，ソムリエはワインぽいものなら何でもワインだと思ってしまうのだろうか。おそらくそんなことはないだろう。サッカーのゴールキーパーでもよい。シュートを止めなければいけないから，ゴールキーパーはゴールの中のどのくらいの位置にボールが飛んでくるか，鋭敏に見極める必要がある。では熟練のゴールキーパーは飛んでくるボールすべてがゴールに入るように見えるかというと，むしろゴールに入るか外れるか，境界をはっきりと認識できるようになるのではないだろうか。

なぜ顔パレイドリアで，鋭敏な顔の認識と何でも顔に見えてしまうことが共存するのか。ここには直観と熟慮の二重過程が関係しているのかもしれない。無意識に素早く判断するシステム（システム1と呼ばれる）により，顔と共通点を持っているものは何でも顔だと認識する。粗い解像度の判断である。一方で熟達は意識的，分析的に処理するシステム（システム2と呼ばれる）に関わるものとして理解できる。ただし二重過程理論の枠組みで考えたところで，謎は全く解けてはいない。なぜ顔には二重過程が適用され，ワインやシュートにはされないのか。そもそも顔の微細な違いに対する判断はシステム2なのだろうか。それにしては人物の同定や感情の読み取りは無意識のうちに素早く自動的に行われるように感じられる。

極端に熟達した顔認知と，何でも顔に見えてしまうパレイドリアという矛盾。パレイドリア現象の謎を解く手がかりのひとつが，ここにあるのかもしれない。

2.4　パレイドリアから何を読み取るか

パレイドリアの特徴づけとして可塑性，不可逆性，非対称性，二重性，多様性，そして顔が見えるパレイドリアと顔認知の関係について考察してきた。これらはすべて，パレイドリアの認識の特性，つまり「見る」ということの特性についての議論である。1.7節では，目に入ってきた情報を通して，その情報を生み出した対象を捉えることが認識のゴールであると述べた。このような認識のゴールとパレイドリアの関係については，最終章の第6章で再び触れることとするが，ここでは認識のさらに先，認識したものから何を読み取るか，認識したものに対してどう反応するかという点にも話を広げてみよう。

カメラは，レンズに入力された光をフィルムに記録すれば，仕事完了である。しかし，私たち人間の場合はそうではない。知覚や認識の最終的な目的は「見ること」ではない。見た情報を利用して考え，行動することにある。認識された情報や内容を思考や行動に利

用して初めて，認識が生態学的な意味を持ってくる。そうでなければ私たちの認識はカメラがメモリに画像を記録することと大差ないだろうし，認識が思考や行動につながらないなら，そもそも外界を認識することの必要性さえなくなるだろう。

　たとえば人の顔を見たとき，私たちは顔を認識して終わりではなく，そこから実にさまざまな情報を読み取り，推測し，想像し，そして行動する。街中で知らない人に声をかけられて，「ああ顔がある」では終わらないのである。性別，年代はどうか，信頼できそうか，攻撃的ではないか，魅力的か，そもそも何の用事なのか……。さまざまな情報を，顔から読み取る。怖そうなら逃げるだろう。困っているようなら，助けようとするかもしれない。朝起きて，子どもの顔を見る。まず自分の子どもであるということを認識し，そして元気そうか，つらいことはなさそうか，表情を読み取って子どもの気分，感情を推測する。つらそうなら学校で何かあったのだろうかと想像し，声をかける。認識がきっかけとなり，思考は巡り，行動は変わる。

　ではパレイドリアの場合はどうだろうか。パレイドリアでは，そこには存在しないであろう何かが見えるが，その何かが実際に存在するときと同じような推測，想像，そして行動の変化は生まれるのだろうか。車には感情は備わっていないということを，私たちは知識としては明確に知っている。古くなったからといって顔が変わるわけでもない。では車が顔に見えたとき，そこに感情やその他の情報を読み取ろうとするのだろうか。

　Landwehr らの研究では，車やスマホに対してパレイドリアが生じて顔を認識したときに，感情も同時に読み取られることを示している (Landwehr et al., 2011)。車が顔に見えるときには，その感情，性格，年代などを同時に推測しているようである。前節で紹介した Ichikawa らの研究でも，表情が読み取れることが，顔の存

在を認識できることと関係していた (Ichikawa et al., 2011)。そもそも，絵文字が感情伝達手段として広く普及していることを考えれば，パレイドリアで生じる顔からも表情が読み取られることは間違いないだろう。図 2.1 の画像検索の結果を眺めていても，それぞれの顔の個性が見えてくる。とはいっても，車やスマホなどに感情や性格が備わっているわけではないと，知識としては理解している。ここから 2 つの疑問が浮かんでくる。

　ひとつは，パレイドリアにおいて見える顔から感情や気分が読み取られるとした場合，その顔に見えるモノ自体が，感情や気分，性格を備えているモノとして認識されるのかという問題である。パレイドリアを生み出すモノが心を持っていると感じるか，意図や意志を持った自律的な存在（エージェント）であると感じるか，と言い換えてもよい。逆に，パレイドリアの中の顔は単なる記号的な意味しか持たず，感情を推測させはするものの，心やエージェンシーの知覚はともなわないという可能性もある。

　わかりやすい例として，(^_^) という絵文字と，今では一般にも普及している www という「笑い」を意味するネット用語について考えてみよう。家族から次のようなメッセージが送られてきたとしよう。

A：「今日の夕飯はビールと唐揚げだよ (^_^)」
B：「今日の夕飯はビールと唐揚げだよ www」

伝わってくるニュアンスが微妙に違うのはここでは置いておくが[15]，重要なことは，A の例では (^_^) そのものがニッコリして

---

15)　A からは「(好きなものたくさんでよかったね)」というあたたかいメッセージが，B からは「(カロリーとりすぎだね)」という皮肉めいたメッセージが込められているように感じてしまうのは筆者だけだろうか。

いるようにも思えるのに対し，wwwにはそのような印象を受けない[16]。wwwがあくまで意味を伝える記号としての役割を果たすに過ぎないのに対し，(^_^) はパレイドリアを生じさせ，ある程度の心の存在までも認識させてしまうのかもしれない。結局のところ，これは本当に (^_^) に心があるのかどうかということが問題なのではなく，認識する私たち側の問題である。そしてこの認識の構造は，過去に経験や学習したことを利用して，目に入ってきた感覚情報から「最もありそうな」外界の構造を推測するという知覚の構造と類似していることに気づかされるのである。

さて，もうひとつの問題は，記号的であれ，心を仮定したものであれ，パレイドリアの中で読み取られた情報が，私たちの行動を変えるほど強力な影響力を持つのかということである。悲しそうに見えるパレイドリアは，それがたとえコンセントであっても，私たちの涙を誘うのだろうか。次にこの問題について考えてみよう。

2.5　パレイドリアと視線

顔パレイドリアでは，私たちは顔を見る一方で，その顔がニセモノであることを明確に認識している。ここでニセモノという意味は，たとえ車や洗濯機，コンセントが顔に見えて，その表情から喜怒哀楽を推し量れたとしても，決してその車や洗濯機，コンセントが喜怒哀楽を感じているわけではないことを明確に理解しているという意味である。つらそうな表情をしている人には，その気持ちを汲むだけではく，声を掛けて勇気づけることに意味があるだろう。しかし顔パレイドリアによってつらそうな表情に見える車にあたたかい声をかけても，その車には何も起こらない。一見すると，パレ

---

16)　ただし研究仲間とこの話をしていた際に，誰からだったかは忘れたが「最近はwwwも笑ってるように見えてきた」と聞いた記憶がある。馬鹿げているように思えるが，実に本質的で重要な指摘である。

図 2.10　私たちは他人の視線に敏感だ。無意識のうちに視線を追ってしまう。

イドリアが起こったとしても，そこで読み取った情報に応じた行動を選択することは，無意味であり合理的ではない。

　しかし結論からいえば，顔パレイドリアによる行動変容は実際に起こることがわかっている。このことを示した筆者らの研究を紹介しよう (Takahashi & Watanabe, 2013)。筆者らの研究では顔が持つ多彩な情報の中でも，視線に注目した（図 2.10）。目の前の人の視線は私たちの行動に強く影響するものであり，認知心理学では視線に関する研究，特に目の前の（と言っても実験室の画面上に現れる）他者の視線の認知に関する研究も数多く行われている。そのひとつに「視線手がかり効果」という現象がある (Frischen et al., 2007)。共同注意とも呼ばれるもので，目の前の他者の視線が向かう先に，自動的に空間的な注意が誘導されるという現象である。

　やや専門的になるが，視線手がかり効果の典型的な実験手続きについて説明しよう（図 2.11）。最初に実験参加者（被験者）は画面を見つめておくように求められる。また，画面の左側か右側にターゲットが出現するので，そのターゲットが何だったか（あるいは左右どちらに出たか）をできるだけすばやく回答するように求められ

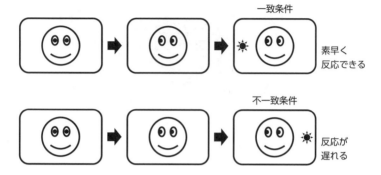

図 2.11　視線手がかり効果の実験手続き。

る。この実験のポイントは，ターゲットが出てくる前に提示される顔である。この顔（手がかり刺激）は実験課題とは無関係なので無視するべきものとして教示される。しかし手がかり刺激である顔の視線は左右いずれかを向いている。

　もし視線方向が実験参加者の注意に自動的に影響を与えるなら，そして視線を向けた先に注意が誘導されるなら，視線の方向にターゲットが提示されたとき（一致条件）は，視線とは逆方向にターゲットが提示されたとき（不一致条件）よりも，すばやく回答できるはずである。そして実際に，これまでの多数の研究から一致条件では不一致条件よりもすばやく回答できることが明らかになっている。

　日常生活でも私たちは他者の視線方向を気にして，目の前の人が横を向けば，つられて見てしまう。たとえばバスケットボール選手は視線を使って相手の注意を逸らすことがある。マジシャンも視線で観客の注意を誘導することがある。つまり意識的にだけでなく，無意識的，自動的に，顔の認識から視線情報を読み取り，注意を移動させる。実験室で確認された視線手がかり効果は，そのような私

図 2.12　Takahashi らの実験で使われた画像。

たちの経験とも合致するものである。そもそも他人が注目している視線の先に，危険な敵や美味しい食べ物といった価値の高い情報があると予測することは合理的に思える。したがって，共同注意が生存のうえで役に立つ重要な機能であることは想像に難くない。

　では顔パレイドリアの視線は共同注意を誘発するのだろうか。顔パレイドリアの場合，あくまで顔のように見えているだけである。たとえそこに視線を認識できたとしても，意図を持って何かを見ているわけではないし，その視線の先に何か価値の高い情報があるわけでもない。だとすれば，顔パレイドリアの視線を気にする必要はない。つらそうな顔に見える車にあたたかい声をかけても意味がないことと同様である。

　そこで筆者らは顔パレイドリアを誘発する画像を用いて視線手がかり効果の実験を行った (Takahashi & Watanabe, 2013)。図 2.12は実験に用いた画像である。コンセントやタンスの写真の中の目に対応する部分を横に少しずらし，左右どちらかの視線を認識できるように加工したものである。最初の実験では，実験参加者に対してこれらの写真が顔のように見えることをあらかじめ伝えた。その結果，実験参加者は明らかに顔パレイドリア画像の視線方向にターゲットが提示されたときにすばやく回答することができた。つまり視

線手がかり効果が観察され，顔パレイドリア画像との間に共同注意が生まれることが示されたのである。パレイドリアでは，ただ単に「見えている」だけでなく，通常の顔を認識するときと同じように，知覚された顔の情報を無意識のうちに行動へと結びつけることがあるということである。

ところでパレイドリアの特徴として可塑性や多様性があることはすでに述べたとおりである。図2.12のような画像を見たときに，顔が知覚される場合もあるし，そうではなくただのコンセントやタンスにしか見えない場合もある。ここで一つの問題が浮かび上がる。パレイドリアを誘発する画像は，観察者の認識の状態にかかわらず，行動に影響するのだろうか。それとも，パレイドリアが生じているときのみ，行動に影響するのだろうか。もう少し噛み砕いていうと，図2.12のような画像が共同注意を誘発するには，顔パレイドリアが起こっていることが必要なのか，そうではなく顔として見えていなくても，視線を認識していなくても，空間的注意の移動に影響するのかという問題である。

そこで筆者らは少しだけ方法を変えて，今度は実験参加者に対して写真が顔のように見えることは伝えずに，先ほどと全く同じ手順で視線手がかり効果の実験を行った。実験が終わったあとに，実験参加者に写真を見て顔だと認識していたかどうかを尋ねたところ，約半数の実験参加者は実験中に一切顔について考えたことはなかったと報告した。残りの半数の実験参加者は，何も言われなくても画像が顔のように見えたと報告した。これ自体はパレイドリアの多様性を証拠づける結果である。そして，さらに面白いことに，実験中に「顔が見える」と思っていた実験参加者では視線手がかり効果が生じていたのに対して，実験中に顔について何も考えなかったという実験参加者では視線手がかり効果が生じなかった。

この結果をどう考えたらいいだろうか。すべての実験参加者は，

同じ画像を見ている。そして同じ実験課題を行っている。異なるのは，その画像を顔として認識しているかどうかのみである。そして行動への影響は，その画像が顔として認識されているときのみ現れる。つまりパレイドリアにおいて，いやおそらくパレイドリアに限らず認識一般においても同じだろうが，目に入ってきた情報や網膜に映った像が行動を決めるのではなく，それらを私たちがどのように知覚して認識しているのか，それこそが行動を決める原因となるのである。

　さらに続けよう。パレイドリアには不可逆性があるということもすでに述べたとおりである。一度顔に見えてしまったものを，顔として見ないことは難しい。ここまで読み進めてきた読者にとって，図 2.12 のコンセントやタンスに対して顔を認識しないことはほぼ不可能といえるのではないだろうか。この不可逆性が行動への影響まで及ぶのか，筆者らはやはり視線手がかり効果によって調べた。顔であるという認識をなくすことは不可能であっても，所詮はコンセントやタンスである。その視線に意味がないことを私たちは知っているし，その視線の先に重要な情報が隠されているわけではないということも十分に理解できている。だとすれば，顔として見るという認識は消し去ることができなくても，視線につられるという行動への影響は可逆的に止めることはできるかもしれない。なにしろそんな行動は無駄である。

　そこで，実験参加者にはあらかじめ図 2.12 のコンセントやタンスが顔に見えることを伝えて顔パレイドリアを誘発したうえで，顔として認識しない（顔ということは忘れ去る）ように指示した。そのうえで視線手がかり効果の実験を行った。結果は明らかで，やはり顔パレイドリアの視線につられて注意を向けてしまうというものだった。パレイドリアの不可逆性は認識だけではなく行動にまで及ぶ，そう考えるのが妥当な結果となったのである。

顔としても見える ことを教示	顔としても見ない ように教示	実験中に顔として 見えていたか	行動への影響 (共同注意の誘発)
あり	なし	○	○
なし	なし	○	○
		×	×
あり	あり	?(おそらく○)	○

図 2.13　顔パレイドリアの視線手がかり効果のまとめ。

　以上の結果をまとめたものが図 2.13 である。顔として見えるか
どうかには個人差もある。しかし一度顔として見えてしまえば，顔
パレイドリアの視線は共同注意を誘発する強力な手がかりとなる。
そのような行動はやめようと思ってやめられるものでもない。いく
ら無意味だとわかっていても，自動的に現れてしまうのである。
　Takahashi らの研究は顔パレイドリアの視線と共同注意について
のものである。すでに触れたように私たちが実際の顔を認識したと
きには，さまざまな行動が生まれる。では，顔パレイドリアの視線
が共同注意を引き起こすという話を，それ以外の顔の話にまで一般
化できるのだろうか。たとえば車が顔に見えて，さらにその顔がつ
らそうな表情に見えてしまったら，理屈では意味がないとわかって
いても私たちはあたたかい声をかけるのだろうか。あるいは実際に
声をかけるまではいかずとも，声をかけたくなってしまうのだろう
か。壁のシミがお化けの顔に見えれば，ただのシミだとわかってい
ても成仏を願ってしまうのだろうか。顔に限らず，顔以外のパレイ
ドリアがどのように行動に影響を及ぼすのか。パレイドリアにおけ
る認識と反応・行動への影響については，まだまだ研究するべきこ
とは山ほど残されている。

2.6 パレイドリアと顔の検出

顔の認知について，もう少し話を進めよう。私たちにとって顔が非常に重要な意味を持つことには疑いの余地はない。このことを反映してか，顔は私たちの注意を強く引きつける，目立つ（専門的には顕著性が高いといわれる）ものである。図 2.14 のような画像を見たときに，何よりもまず顔に注意を向けてしまう人が多いだろう。

雑多な情報の中からモノを探す際に，顔以外のモノに比べて顔は際立って見つけやすいという認知心理学の研究報告もある (Hershler et al., 2010; Hershler & Hochstein, 2005)。Hershler らは視覚探索という実験手法を用いて，私たちが効率よく顔を探し出せることを示した。Hershler らの実験では，まず実験参加者には次に探すべきターゲット物体のカテゴリ（顔，家，車のいずれか）が伝えられた。そして画面上にさまざまな物体の画像をたくさん（16 個～64 個）配置して，ターゲットの物体が存在するかどうかをでき

図 2.14　顔は目立つ。

るだけ素早く報告するように求めた。その結果，車や家を探す場合
は，画面上のアイテム数が多くなるほど見つけるのに時間がかかっ
たのに対し，顔の場合には画面上のアイテム数が増えても素早く見
つけ出すことが可能だったのである。邪魔なものが増えてもすぐに
見つけ出せるという現象は専門的にはポップアウトと呼ばれてお
り，画面上のアイテム一個一個に注意を向けて逐次的に処理する必
要はなく，探したいものが特段の注意や努力を要せず瞬時に目に入
ってくる，ということを意味する。それだけ，私たちにとって顔は
見つけやすいものなのである。

　Hershler らの実験では，顔は課題に関連するターゲット刺激と
して，そもそも重要な情報として与えられていた。つまり探すべき
対象として指示されていた。しかし，目の前の課題には全く無関係
であっても，顔が注意を引きつけ，他の処理を妨害することも報告
されている。たとえば Sato らは，やるべき課題に関係のない刺激
として顔を視野周辺に提示すると，中心視で求められる視知覚課題
の成績が低下することを示している (Sato & Kawahara, 2015)。認
知心理学では馴染み深い高速逐次視覚提示（RSVP：rapid serial
visual presentation）という実験手法を用いた Sato らの研究につ
いても，少し詳しく紹介しよう（図 2.15）。RSVP とは，視覚刺激
（画像）を超高速で次々に切り替えて画面中央に提示し，その中か
ら決められたターゲットを見つけるように求めるというものであ
る。一般的には 0.1 秒程度の間隔で次々と画面が切り替わる。実は
このような高速刺激提示に対して，私たちはかなりの成績でターゲ
ットを見つけることができる。RSVP はさまざまな研究に応用さ
れているが，Sato らの研究では RSVP 刺激提示中に，画面中央の
RSVP 刺激に並行して画面周辺に課題とは無関係の画像を提示し，
RSVP 課題の成績に対する影響を測定した。課題には関係なくて
も顔が注意を自動的に引きつけるなら，画面周辺に顔画像を提示し

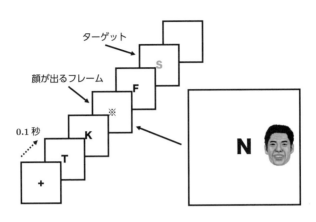

図 2.15　RSVP 課題の例。Sato らの実験を模式的に示した。さまざまな色のアルファベットが 0.1 秒間隔で次々に提示された。実験参加者は，決められた色のターゲットの文字が何であったかを回答するように求められた。刺激系列の途中で，課題とは無関係の顔画像が画面周辺に提示されると，顔以外が提示されるときに比べて，文字同定課題の成績が低下した。

たときに RSVP 課題の成績が低下することが予想できる。実験の結果は予想したとおりで，顔画像の場合には，顔ではない画像が画面周辺に提示されたときに比べて，RSPV 課題の成績が 5% 以上低下したのである。

このように，顔は私たちにとって特別な意味を持つモノであり，探そうとすると見つけやすい，課題に関係なくても注意を向けてしまう，などの研究結果がこれまでに得られてきている。また 2.7 節で触れるが，認知神経科学や脳科学の研究でも顔の処理に特化した脳の情報処理機構や脳部位が存在することが示されている。

顔が際立って見つけやすく，注意を引きつけやすいとすると，では顔パレイドリアではどうなのかという疑問が自然と浮かぶ。図 2.12 のような顔パレイドリアを誘発するコンセントやタンスは，顔には見えないタダのモノに比べて見つけやすいのであろうか。実は図 2.14 には顔パレイドリアを誘発するモノを忍び込ませてあっ

た。すぐに気づいただろうか。本物の顔であればそこに何か重要な情報が存在することが予測できるが，パレイドリアで顔に見えるからといってコンセントやタンスには何も特別なことはない。

Arigaらは顔パレイドリアを用いてSatoらの研究の再現を試みた (Ariga & Arihara, 2017)。RSVP課題中の周辺画像として，顔のほかに，明らかに顔パレイドリアを誘発する物体（家やコンセントなど）を忍び込ませておいて，課題に関係のない顔パレイドリアが注意を引きつけRSVP課題に干渉するかを調べたのである。結果，周辺画像が顔の場合には，やはりRSVP課題の成績は低下するが，顔パレイドリアを誘発する刺激の場合には，RSVP課題の成績低下は起こらないということがわかった。

ただし，Arigaらの実験では，実験前に家やコンセントなどの画像が顔に見えるということを明確に教示してはいなかった。つまり，実験参加者は，実験中には顔についての認識が全くなかった可能性がある（ただし実験で使った物体が顔に見えるかと尋ねれば，明らかに顔に見えるということは確認している）。2.5節で紹介した視線手がかり効果の場合にも，実験前に特別な教示を与えなければ半数程度は物体が顔として見えることに気づかず，その場合には共同注意も誘発されなかった。したがって，Arigaらの実験で顔パレイドリアがRSVP課題を妨害しなかったのは，顔パレイドリアが生じていなかったからかもしれない。逆に視線手がかり効果の場合と同じように，顔パレイドリアが顔として認識されている状況では，課題に無関係であっても注意を引きつけ，目の前の課題の処理を妨害することがありうるだろう。このことはまだ直接は検証されていないので，さらなる研究の報告が待たれるところである。

以上の結果を踏まえれば，顔パレイドリアを誘発しうるような物体であっても，それを私たちが顔だと認識していない限りは，通常の顔の場合に見られるような特別な影響は生じないと考えられる。

顔パレイドリアが顔であるためには，あくまで私たち側でそれを顔として認識している必要があるのである。第1章では知覚の構造に言及し，認識における正しい外界という概念の意味を検証した。顔パレイドリアが顔か顔でないのか，それは物理的な性質によって決まるものではない。それは認識する私たち側に委ねられている。さらにそのモノが何であるかではなく，そのモノが何であると認識されたか，それが私たちの行動に影響するのである。

　最後に，パレイドリア画像に対する私たちの認識そのものが，顔を見つけるという行動に影響することを直接的に示した筆者らの研究を紹介しよう (Takahashi & Watanabe, 2015b)。実験の課題自体は単純で，画面上に提示されるターゲット刺激の有無を判断するというものである。半数の試行ではターゲット刺激が提示され，残り半数の試行ではターゲットではなくノイズと呼ばれる無意味な刺激が提示される。ただし提示時間はわずか60ミリ秒程度で，非常に見づらく，ターゲット刺激とノイズ刺激を完璧に見極めることは不可能である。

　実験参加者は顔検出群と三角形検出群の2群に無作為に割り当てられた。そして顔検出群の実験参加者には「顔が見えたかどうかを判断してください」と伝え，三角形検出群の実験参加者には「三角形が見えたかどうかを判断してください」と伝えた。ポイントは図2.16のターゲット刺激である。顔検出群にとってのターゲット刺激は，明らかに顔に見えるスマイリーマークか，顔パレイドリアを誘発する∵であった。一方，三角形検出群にとってのターゲット刺激は，顔には見えない▽か，顔パレイドリアを誘発する∵であった。この中で，∵は両群に共通の刺激である。そして，この両群に共通のターゲット刺激である∵をどの程度正確に見つけられるか測定したのである。

　もし顔検出群と三角形検出群の成績が同程度なら，モノのパター

顔検出群のターゲット　　　　　三角形検出群のターゲット

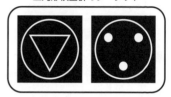

図 2.16　実験で使われたターゲット刺激 (Takahashi & Watanabe, 2015b)。

ンが顔に似ているかどうかが問題であり，実際にそのモノが顔に見えているかどうかは関係ないということになる。しかし，もし顔検出群の方が三角形検出群よりもターゲット刺激である∴を正確に見つけられるなら，モノのパターンが顔に似ているだけでは不十分で，そのモノが実際に顔に見えていること，つまりパレイドリアが起こることで検出が容易になるということになる。実験の結果は明らかに後者の傾向を示していた。つまり同じ∴であっても，そのパターンを顔として認識している人たちは，そのパターンを三角形として認識している人たちよりも，容易に検出できることが示されたのである。

　ここで，顔を見つけることとパレイドリアについて，この節で説明した内容をまとめてみよう。本物の顔の画像を使った研究から，私たちは顔を見つけるのが得意であり，顔は課題に関係なくても自動的に注意を引きつけて，目の前の課題の処理を妨害することがわかっている。このように顔は，私たちにとって特別に価値が高く，優先的に処理されるものである。顔に見えるコンセントや∴によっても，同じようなことが起こる。しかしパレイドリアの場合には，たとえ顔に見える可能性があるモノであっても，それが実際に顔として認識されていない限りは，このようなことは起こらない。顔が特別なものであるのは，まさに私たちがそれを顔として認識す

るがゆえなのである。

　顔パレイドリアに関する以上の話は，パレイドリアの特徴づけとも関連するだろう。すでに述べたようにパレイドリアには非対称性がある。コンセントは顔に見えるが，顔はコンセントには見えない。よく見れば，コンセントの中には顔の認識を誘発するパターンが含まれているし，逆に顔の中にもコンセントを誘発するパターンが含まれている。しかし，Takahashi らが示したように，同じモノに対しても，顔という認識がともなえば，それは見つけやすい。A（顔）と B（コンセント）の類似度が同じであっても，A が見えやすいというバイアスがすでにあるのだから，A→B の遷移は起こりやすく，B→A の遷移は抑制される。そもそも私たちには，見やすいものや見たいものを見るというバイアスがある。パレイドリアの非対称性の一因はここにあるのかもしれない。

　パレイドリアと顔の検出に関するこれらの研究は，私たちの日常的な経験とも合致するものである。普段，街を歩いていれば，よく見ると顔パレイドリアを誘発するような構造のモノはたくさん見つかる。顔を探せば，見つかるのである。しかし街を歩いているときに，そのような顔ばかり気になって仕方がない，ということはあまり経験しないだろう。Ariga らが示したように，顔だと意識してみれば顔に見えるモノであっても，それが目に入っただけでいつでも顔に見えて注意を引きつけるわけではない。

　さらに考えれば，お化けは墓場で見えやすい，ということにも関係しそうである。墓場に限らず，目に入ってくる情報には，顔として見立てることができる，つまり顔パレイドリアを誘発することができるパターンがたくさん含まれている。∵ を三角形として見るよりも顔として見るほうが見つけやすいという Takahashi らの研究からもわかるように，顔ではないが顔に見えるかもしれないモノがあったとき，顔として認識しようという構えができていれば，そ

れは見つけやすい。そして墓場では知らず知らずのうちに，誰かがいるかもしれない，なにかが出るかもしれない，と「顔を見つけるモード」になっていて，私たちはあらゆるものを顔として認識してしまうような認知状態になってしまっているのかもしれない。そう考えると，墓場でお化けが見えやすいのも納得できる話である。

2.7 パレイドリアと脳の情報処理

何の変哲もない知覚であれ，ちょっと特異なパレイドリアであれ，目に入ってきた情報から私たちの知覚や認識を作り上げるものは，脳である。私たちの頭の中にあるわずか2キログラムに満たない脳の中で，数百億個ともいわれる「ニューロン」と呼ばれる神経細胞たちが複雑に繋がりあい，情報を伝えあうことで，そこから私たちの意識が生まれ，認識が生まれ，行動が可能になる。

20世紀以降，脳の研究が急速に進んでいる。特に認知神経科学と呼ばれる分野では認知や行動と脳の関係が次々と明らかにされてきた。脳は一様な器官ではなく，異なる領域で固有の機能が局在していることは古くから（とは言っても19世紀半ば以降）知られていたが，現在では磁気共鳴機能画像法（functional MRI：fMRI）や脳波（electroencephalogram：EEG），脳磁（magnetoencephalography：MEG）計測などの脳機能イメージング法を用いた実験により，どの領域がどのような機能を担っているのか細かく調べられている。たとえば記憶を司る脳部位としての海馬は有名だろう。「前頭前野を活性化させましょう」といったアヤシゲな言説も一般に広く流布している。体を動かすためには頭頂葉と呼ばれる領域が，体を円滑に動かすためには小脳と呼ばれる頭の後ろ側にある器官が，それぞれ重要な処理を担っていることなども今では常識となっている。これ以外にも感情，社会性，意思決定，その他ありとあらゆる認知機能と関連する脳の領域が調べられ，脳の情報処理ネ

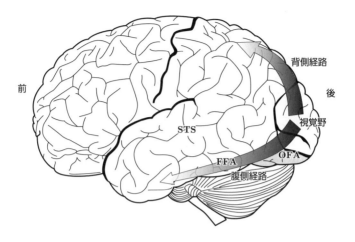

図 2.17 視覚情報処理の概要と顔認知に関連する領域。

ットワークが明らかにされつつある。

　ではパレイドリアは，脳の情報処理の中でどのように生まれるのだろうか。ここでは顔パレイドリアを対象とした脳機能研究について紹介しよう。その前に，まずはパレイドリアではない普通の顔が脳の中でどのように処理されるのかを説明する必要がある。なお顔認識の脳内機構について日本語でのわかりやすいレビューとして，堀 (2015)，遠藤 (2015) などがあるので参考にしてほしい。

　図 2.17 に脳の視覚情報処理のきわめて大まかな概念図を示した。網膜に入った像は，まず後頭葉の視覚野で明暗やエッジ（線）などの単純な情報の処理が行われ，脳内での段階的な情報処理の中で複雑なパターンの認識が行われていく。このような視覚情報の処理経路は，頭頂葉へと向かう背側経路と側頭葉へと向かう腹側経路に大まかに分けられる。背側経路は where pathway とも呼ばれ，視覚情報の位置や動きを主に処理するのに対して，腹側経路は what pathway とも呼ばれ，視覚情報の中に何があるのかといった物体

の認識や形状の認識に関わるとされている。したがって，顔の処理と密接に関わるのは腹側経路である。

　腹側経路の中でも，側頭葉の中に位置する紡錘状回という領域は顔認知にとって特に重要である。紡錘状回の中には紡錘状回顔領域（fusiform face area：FFA）と呼ばれる顔だけ[17]に選択的に反応する部位があることがわかっている (Kanwisher & Yovel, 2006)。大雑把に顔の処理といっても，年齢・性別の判断や個人の特定，表情の判断など，実にさまざまな処理が含まれているが，FFA は見ている画像の中に顔が含まれていると強く活動することから，顔の検出や人物同定などに関わると考えられている。また，後頭葉の一部である後頭顔領域（occipital face area：OFA）と呼ばれる領域でも，顔の検出，特に顔のパーツなどの基本的な要素の検出に関連する処理が行われている。一方，FFA と同じく側頭葉に位置する上側頭溝（superior temporal sulcus：STS）にも顔処理に関わる部位があるといわれており，視線の向きや表情の変化などを処理していると考えられている。これらの FFA，OFA，STS の 3 領域は顔認識のコアシステムとも呼ばれている (Haxby et al., 2000)。

　EEG（脳波）や MEG（脳磁図）を用いた研究では，顔の認識に対応する脳活動が特別な脳波や脳磁図の変化として捉えられることがわかっている (Olivares et al., 2015)。脳波を計測している間に画面上に顔を提示すると，顔の提示から約 170 ミリ秒後に N170 と呼ばれる陰性波形が検出できる。脳磁図でも同様に，顔画像の提示から約 170 ミリ秒後に M170 という波形が現れる。これらの N170 や M170 の発生源は FFA であるといわれており，主に顔の検出に関わる脳活動を反映していると推測できる。さらに顔画像提示の約 100 から 120 ミリ秒後という短い潜時でも P1 と呼ばれる

---

17)　ただし，過度な訓練により，顔以外のモノにも反応するという研究もあり，FFA の機能について完全に解明されているわけではない。

脳波が確認できる。この短い潜時の脳波の発生源は OFA であると考えられており，顔に関する情報処理の中でも初期段階の処理を反映していると推測できる。また約 250 ミリ秒程度の潜時で現れる N250 と呼ばれる脳波も報告されており，こちらは人物同定のような，画像情報よりも抽象化された処理に関与していると考えられている。

顔認識に関連する脳内の情報処理についての研究はまさに山ほどあり，それだけで一冊の本が書けてしまうほどではあるが，完全に解明されているわけではなく，まだまだ謎も多い。本書は顔についての本というわけではないので，このあたりで本題のパレイドリアに戻ろう。

最も基本的な問いは，顔パレイドリアが生じているときに，顔を見たときと同じような脳活動が起こっているのか，というものである。Zhang らは fMRI を用いた脳機能イメージングにより，この問題を検証した (Zhang et al., 2008)。Zhang らは MRI 装置の中で実験参加者に対して図 2.18 のようなノイズパターン（ぼやけた砂嵐画像のようなもの）を提示し，そこに顔が見えたかどうかを答えるように求めた。その結果，ノイズパターンに対してパレイドリアが生じて顔が見えたと回答したときには，顔が見えなかったと回答したときよりも，FFA の活動が強まっていることがわかった。一方で OFA の活動については，顔が見えたかどうかによる差は認められなかった。

Smith らは同じような実験刺激を用いて脳波 (EEG) 計測を行った (Smith et al., 2012)。EEG 計測は fMRI 計測に比べて空間的な解像度では劣るが，時間的な解像度が極めて高い。この利点を生かして，どの脳領域がどのような順序で活動するかを計測した。Smith らの実験の結果，顔パレイドリアが生じやすいようなノイズパターンほど，後頭葉や前頭葉が強く活動することが示された。

図 2.18　ノイズパターンの例。

この際に，前頭葉の活動が後頭葉の活動よりも先に生じることもわかった。

　通常の視覚処理過程では，目に入った情報がまずは後頭葉で処理され，その次に側頭葉や頭頂葉での物体認識や運動を司る領域へと情報が送られ，また意思決定などに関わる最も高次の前頭葉に情報が送られると考えられている。Smith らの結果によれば，この順番が逆である。パレイドリアの場合にはむしろ前頭葉や側頭葉などの領域の活動が先に起こり，そこからの逆方向の信号により視覚情報を処理する領域の活動への調整が起こるという可能性を示している。

　Zhang らの研究も Smith らの研究も，ノイズパターンに対して顔が見えるか見えないかによって，脳活動にどのような違いが見られるのかを調べたものである。この場合，FFA などの活動の増加

が，必ずしも「顔が」見えたことを反映していると結論づけることはできない。FFA は顔に対して特に強く反応するとはいえ，顔以外の情報にも反応するので，顔以外でも何か意味のあるパターンが見えれば，FFA の活動は強まるかもしれない。

そこで Liu らは，パレイドリアによる主観的な見えが引き起こす FFA の活動増加が，「顔」パレイドリアに限定されるのか，それともどんな種類のパレイドリアでも生じるのかを調べた (Liu et al., 2014)。Liu らはやはり MRI 装置の中で実験参加者にノイズパターンを提示した。しかし，今度はそのノイズパターンの中に「顔」か「文字」が隠されていることを伝え，顔が見えたか，文字が見えたか，それとも何も見えなかったかを回答するように求めた。もし FFA の活動増加が，ノイズに何かを見るというパレイドリアと関係しているなら，顔でも文字でも，意味のあるパターンが見えてしまったときには FFA の活動が強まっているはずである。しかし FFA の活動増加が，ノイズに顔を見るという顔パレイドリアに特有のものなら，顔が見えたときのみ，FFA の活動が強まっているはずである。

実験の結果は，FFA の活動増加は顔パレイドリアに特化している，つまり文字のパレイドリアが生じているときに活動の増加は認められない，というものだった。これらの結果から，FFA が本物の顔の認知だけでなく，ノイズパターンに対する顔パレイドリアのような内的に作り出される顔の認知でも特別な役割を持っていることがわかった。この原因として，Liu らは，前頭葉からのトップダウン信号と後頭葉視覚野からのボトムアップ信号の相互作用が促進されていると解釈している。

なお，Liu らの研究論文のタイトルは，「Seeing Jesus in toast: Neural and behavioral correlates of face pareidolia（トーストの焼き目にイエス・キリストを見る：顔パレイドリアの神経および

行動相関」と名付けられ，2014年のイグ・ノーベル賞を受賞した。もしかしたらニュースなどで見た記憶がある読者もいるかもしれない。

　以上のfMRI研究をまとめると，パレイドリアを誘発する刺激が入力されることで，顔を処理する領域であるFFAは強く活動する。したがって，パレイドリアの中の顔は，脳の中でも確かに顔として処理されているようである。またこのFFAの活動は，刺激の入力ではなく，そのものを私たちがどう認識しているかに依存する。顔に見える可能性がある刺激でも，実際に顔に見えていなければ，FFAは強く活動しない。さらに，通常の視覚情報処理とは逆に，認識や判断を司るような前頭葉から，視覚情報処理を行う後頭葉への信号が重要な役割を果たしている可能性がある。

　ところで，Zhangらの研究もSmithらの研究も，そしてLiuらの研究も，すべてノイズパターンに対する顔パレイドリアについて調べたものである。一方で，顔のように見える物体が顔に見えるというタイプのパレイドリアもある。筆者らの視線手がかり効果の研究で紹介したコンセントやタンスなど（図2.12）がそうである。ノイズと物体に対する顔パレイドリアでは，どちらも本来は存在しない顔が見えるという点では共通しているが，現象として多少異なるようにも思える。たとえばノイズパターンでは，顔が見えなければそれはノイズであり，意味のあるものは何も見えない。これに対して物体のパレイドリアでは，顔が見えなくてもそのモノは意味のあるものとして見えている。コンセントは，顔が見えても見えなくてもコンセントである。顔が見えなかったら意味のあるものは何も見えない，コンセントも見えない，ということはない。また顔が見えたとしてもコンセントとしての認識は保たれている。

　このような物体のパレイドリアに対しても，それが顔に見えているときには，本物の顔と同じような脳活動が生じているようであ

る。Churches らは顔に見える物体，そうではない物体，本物の顔などを提示して，EEG の反応を計測した (Churches et al., 2009)。顔パレイドリアに対して N170 がどのように現れるかを調べたのである。結果は，顔として認識されるような物体が提示されたときの N170 は，本物の顔が提示されたときよりは弱かったものの，そうでない物体が提示されたときよりも N170 が強く現れるというものであった。一方で P1 については，顔パレイドリアに対応する脳活動の増強は認められなかった。

　Hadjikhani ら は，MEG を用いて同様の実験を行った (Hadjikhani et al., 2009)。実験の結果は EEG の場合と同様で，やはり顔のように見える物体に対しては，そうでない物体よりも M170 が強く現れるというもので，脳の中の信号源も本物の顔の場合と近い場所にあった。Hadjikhani らの実験でも潜時 130 ミリ秒程度での P1 に対応する活動は検出されたが，顔パレイドリアを引き起こす物体に対する P1 はそうでない物体に対する P1 との間に顕著な違いはなく，それらは本物の顔に対して生じる P1 に比べれば弱いものだった。

　EEG と MEG を用いた研究をまとめると，fMRI の研究と同様に，物体に対する顔パレイドリアでも FFA に関連する脳活動が強まることがわかる。これに加えて，脳活動が 170 ミリ秒程度の潜時という，普通の顔を見たときと同じような素早い時間帯に現れることもわかった。一方で，約 100 から 120 ミリ秒の潜時の脳活動は，顔パレイドリアを誘発する刺激では反映されていない。

　fMRI と EEG，MEG の研究を合わせて考えれば，次のようなストーリーが見えてくる。まずパレイドリアを誘発する刺激が入力されただけでは，顔処理は駆動されない。顔であるという気づきがあって，初めて顔関連の脳部位 (FFA) の活動が強まる。あるいは逆に，顔関連の脳部位の活動がたまたま何かのきっかけで強まっ

たときに，顔処理が駆動され，顔であるという認識が生まれるという解釈もできるだろう。いずれにしても，顔パレイドリアが起こることと，FFA の活動が強まることは，表裏一体の関係にありそうである。

　一方，顔の要素を処理するといわれる OFC については，たとえ顔の認識がともなっていたとしても，パレイドリアでは強い活動を引き起こさない。それもそのはずで，画像情報としては，顔パレイドリアを誘発するノイズや物体は，顔とはかなり極端にかけ離れている。だからこそ私たちは，顔パレイドリアを経験しながらも，それが顔ではないということを明確に自覚できるのかもしれない。

　これらの脳科学の結果は，これまで紹介してきたパレイドリアと視線や顔の検出の認知心理学的な研究との整合性も高いものである。コンセントやタンスは，それが顔として認識されているときのみ，視線による注意誘導の効果を示した。顔の認識がなければFFA の活動は生じず，その結果として視線による注意誘導処理も駆動されないと考えるのは，脳の情報処理を考えても自然なことである。同様に，普通の顔ならば課題に無関係でも OFC の活動を強めて注意を引きつけるのに対し，画面周辺に提示された課題無関連なパレイドリア刺激それ自体は OFC の活動を強めないので，結果として注意も引きつけられない。さらに，Takahashi らが示したパレイドリア顔検出の優位性については，顔であるという認識を事前に与えることで，∵ の入力による FFA の活動が強められたと考えられる。そうすると三角形を探すときに比べて顔を探すときにはFFA の活動という情報を余分に使えるので，検出が容易になる。

　最後はやや専門的で込み入った話となってしまったが，本章ではパレイドリアの特徴づけを行い，認知心理学や脳科学の研究を紹介した。パレイドリアは人間の知覚の謎を解き明かすための格好の材

料である。と同時に，私たちの日常の中の至るところに見え隠れする面白さもある。次章ではこのパレイドリアの面白さをさらに追いかけてみよう。

パレイドリアを巡る冒険

第2章ではパレイドリアの定義や特徴づけに始まり，主に顔パレイドリアについての認知心理学的な研究や脳科学研究を紹介した。これらの研究によりパレイドリアという現象そのものにフォーカスして掘り下げていくことで，知覚や認識についての理解が深まることは間違いない。それこそが人間科学の醍醐味でもある。

一方で，パレイドリアは単に人間科学の興味深い研究対象であることにとどまらず，よく見ると社会の中に偏在しているものでもある。パレイドリアという現象が人びとの中でどのような意味を持っているのか，そこを探ることもまた人間科学の面白さである。そこで第3章では，議論の裾野をぐっと広げて，絵文字，コミュニケーション，赤ちゃんの認知，デザイン，美，幻視と現実感など，パレイドリアに関連するトピックについて幅広く議論する。

3.1 パレイドリアと顔文字

現代の情報通信社会はパレイドリアに満ちている，というと少しばかり大げさかもしれないが，Instagram や LINE などのインターネット空間でのコミュニケーションには今や絵文字・顔文字は欠かせない（図3.1）。^^のような数々の絵文字を，私たちは容易に「顔である」と認識し，その微妙な表現を通して相手の気持ちを推し量ることまでできてしまう。あまりにも当たり前すぎて普段

図 3.1 コミュニケーションの中にあふれる顔文字。やりすぎると「おじさん構文」と言われる。

は意識しないかもしれないが，これは驚くべきことである。＾＾という記号を見れば，私たちは「あ，笑ってる」と読み取ってしまうのではあるが，＾＾という絵文字の見かけがどれほど顔と似ているだろうか。私たちがよく見る人間の顔と＾＾の間の形態学的な類似度を定量化することは容易ではないが，決してよくできた似顔絵には見えない。＾＾や☺のような絵文字を顔として認識し，さらには感情のやりとりまでできてしまうのは，パレイドリアを強力に生み出す認知過程のおかげである（68ページのコラム「パレイドリアとソムリエ——熟達の不思議」も参照）。ここではパレイドリアという視点から絵文字について考察してみよう。

絵文字・顔文字は顔が高度に抽象化，記号化されたものとして広く一般に使われている。ではそもそも，絵文字に対して顔パレイドリアが生じて「顔」として認識されているのだろうか。主観的には顔に見えるが，＾＾や:-) が本当に顔として認識され，その顔情報が本物の顔のように脳の中で処理されているか，科学的に調べてみる必要があるだろう。ここで再び脳波研究の出番である。

Churches らは西洋型の笑顔の絵文字である「:-)」，その上下逆さま（画像としては左右反転）の「(-:」，普通の顔写真と上下逆さまの顔写真，無意味な文字記号（「./*」など）を刺激として用いた実験を行った (Churches et al., 2014)。実験参加者がこれらの刺激を見つめている間の脳波を計測したところ，絵文字「:-)」を見ているときは顕著な N170 が観察された。実際のところは，無意味な文字記号よりも強いだけでなく顔写真よりも強い N170 が後側頭葉領域で観察されたのである。この結果から，絵文字の認識に顔の情報処理が関わっていることは間違いない。一方で，逆方向の絵文字「(-:」に対しては，正しい方向の絵文字「:-)」に比べて N170 の振幅は弱まった。実は本物の顔写真の場合，上下が逆さまになっていると N170 は強まることが知られている。本物の顔写真の場合，見慣れない非典型的な見え（上下逆さま）でもやはり顔は顔である。このような場合には顔処理を促進することで，顔に関する情報を正確に読み取ろうとしているのだろう。しかし非典型的な見えの絵文字の場合，もはや顔パレイドリアが生じず，顔として処理されない場合もあるのかもしれない。このように本物の顔と絵文字には脳の情報処理に違いはあるものの，見慣れた絵文字に対しては脳内で顔としての情報処理を駆動すると考えてよさそうである。絵文字がコミュニケーションの中で違和感なく使われるのも，私たち，そして私たちの脳がそこに自然に顔を見ているからに違いない。

　自然に顔のように見える絵文字ではあるが，実は西洋と東洋では，典型的な絵文字の形態が大きく異なる。顔の縦向き横向きという違いもあるが，さらに面白いことに，絵文字のなかで感情を表現するためのパーツが異なるのである。図 3.2 に「嬉しい」「悲しい」を表す絵文字としてよく使われるものを挙げてみた。西洋と東洋の絵文字をよく見比べてみよう。西洋の絵文字の場合，目の形は一定で，口の形状の違いで感情を表現している。これに対して，東洋の

	嬉しい（Happy）	悲しい（Sad）
西洋のスマイリー	☺	☹
西洋の絵文字	:)　:-)　:D　:-D	:(　:'-(
東洋の絵文字（日本）	(^_^)	(T_T)　(;_;)
東洋の絵文字（韓国）	^^	ㅠㅠ
2ちゃんねる	(｀ヮ´)	(っД｀)

図 3.2　感情を表現する絵文字の例。

絵文字の場合は口の形が一定，または口に該当するパーツがない。目の形で感情が表現されているのである。余談だが，2ちゃんねるの絵文字からはダイナミックな表情の動きを感じることができて面白い。

　絵文字の形状が異なるだけでなく，実際に絵文字の表情を判断する際にも，東洋の人たちは目を重視し，西洋の人たちは口の形状を重視するようである。Yuki らはさまざまな顔と口の形状が組み合わさった絵文字に対して表情の判断を行うという実験により，絵文字の表情認識について詳しく調べた (Yuki et al., 2007)。その結果，(^_^) のような目で笑うタイプの絵文字に対して日本人の実験参加者は「笑っている」と判断したが，アメリカ人の実験参加者の多くは中立的な表情であると回答した。また，東洋型の「嬉しい」を表す目と西洋型の「悲しい」を表す口を組み合わせたときは，日本人の実験参加者はほぼ中立の表情であると回答したのに対して，アメリカ人の実験参加者は「悲しそう」と判断した。このように絵文字で感情を表現する際にも，絵文字から感情を読み取る際にも，いずれにも共通した文化の違いが見られる。

　なぜこのような違いが生まれたのだろうか。これも認知心理学の研究からわかってきたことだが，実際の顔を使ったコミュニケーシ

ョンで感情を表現したり読み取ったりするのに重視するパーツも西洋と東洋で異なるようである。一般的な傾向としての話ではあるが，西洋の人たちはどちらかといえば口を使って感情を表現して，口の形状から感情を読み取る。一方，東洋の人たちは目を使って感情を表現し，目から感情を読み取る。Jack らは顔の画像の表情を判断するときに，画像の中のどこを見ているかを眼球運動計測という方法によって調べた (Jack et al., 2009)。その結果，東洋の人たちは西洋の人たちに比べて目の領域を頻繁に見ることがわかっている。そう考えると，絵文字のバリエーションは，私たちの日常的な顔認知を映し出す鏡のようにも思えてくるだろう。

これも余談ではあるが，2020 年に始まったコロナ・パンデミック以前のことを思い出すと，日本を含む東アジア地域では特に冬から春にかけてマスク姿の人びとを街なかでも見かけることがあったが，それ以外の多くの地域では街なかでマスク姿というのは滅多に見かけないものだった。筆者自身は花粉症なので 2 月頃から 5 月頃まではマスクを手放せなかったが，たまに海外から招いた研究者たちと雑談していると，「なんでマスクしてんの？」と（たぶん）気味悪がられることがあったように思う。ところが，アメリカ，カナダ，ヨーロッパなどの西洋地域に出張に行くと，マスクをしている人はほぼ見かけない（なお海外に花粉症がないわけではない）。逆に，海外に行って驚くのが，サングラス着用率の高さである。外を出歩くときは，半数以上の人たちがサングラスをかけているといっても過言ではない。日本ではサングラスといえば，車や自転車の運転で眩しいような状況以外では，ちょっと気取ってみるとか，ちょっと怖い印象を出してみるといったイメージがあり，一般の人たちが街歩きでサングラスをかけることは滅多にない。これも，表情の認識と表出の文化差，つまり東洋は目で，西洋は口で，という文化差を考えると理解できる。西洋の人たちにとっては，マスクで口

が隠れてしまえば，その人の表情を読み取るのは難しい。東洋の人たちにとっては，サングラスで目が隠れてしまえば，やはり表情がわからない。だから，西洋ではマスクが避けられ，東洋ではサングラスが避けられる。ちゃんとした研究があるわけではないが，一説として，ありそうな話ではある。2020 年以降は，新型コロナウイルスの影響で，世界中にマスク着用の習慣が広がっている。表情の認識の仕方にも，多少の変化が生まれるのかもしれない[18]。

　本題に戻って，パレイドリアという視点から絵文字と顔による感情の表出と認識について考えてみよう。絵文字は顔の抽象化，記号化である。そこには感情の表出や認識の文化差まで描出されている。笑いの感情を記号化するには，2.4 節で紹介したように www という表現や，（笑）のような表現も可能であり，感情を伝えるには，それで十分である。しかし多くの絵文字はパレイドリアを生み出すかたちでの記号化，抽象化になっている。

　逆にいえば，パレイドリアという認識の能力が存在するからこそ，これほどまでに多様な顔文字が生まれ，そして世の中で消費され続けているのかもしれない。(^_^) のような限られた情報から「顔」という豊かな表現を見て取り，そして実際の顔とはかなり隔たりのある単純な形状であるにもかかわらず，感情までも読み取ってしまう。顔文字が社会に浸透している意味を考えてみると，過剰に意味を見るという私たちの認知，それを円滑に進めるような仕組みが実にうまく機能していることがわかる。まさにパレイドリアの社会実装である。

　最後に，筆者らが行った絵文字を使った研究を紹介しよう。筆者

---

[18]　ところが 2022 年には西洋の多くの国ではもはやマスク姿を見ることはほとんどなくなった。マスクに対する拒絶反応の強さを感じるエピソードである。

嬉しい　中立（無表情）　悲しい

:-) :-| :-(

(^_^) (0_0) (T_T)

図 3.3　左の写真はフィールド実験の様子。左から現地アシスタント，筆者，実験参加者，現地アシスタント。村の住民である実験参加者にタブレットを手渡し，実験課題に取り組んでもらっている（2017 年夏，タンザニアの内陸部の村にて。写真提供：帝京科学大学 島田将喜氏）。右は Takahashi らの実験で用いた顔文字の刺激。上から西洋型，日本型，スマイリーマークで，私たちには 3 種類の表情をしているように見える。

は 2010 年頃から，アフリカのタンザニアやカメルーンの狩猟採集民や焼畑農耕民を含めたさまざまな地域の人たちを対象に認知実験を行っている（図 3.3）。分野の異なる研究者と共同で研究を進め，遠い地に行き，普段と全く異なる環境で生活し，フィールドで実験するという一連の研究活動の中で，非常に多くのことを経験し，学ばせてもらっている。このことについてもいずれ何か書きたいと思ってはいるが，本書の内容からは大きくそれるので，実験の中身の話に進もう[19)]。

　筆者らはタンザニア，カメルーン，日本の 3 地域で，実際の顔写真と絵文字に対して表情を判断するという実験を実施した（Takahashi et al., 2017）。現地の人たちにタブレットを手渡し，タ

---

19)　フィールドの話に興味がある読者は，関連する出版物として，日本心理学会刊行『心理学ワールド 81 号』の「認知心理学者のタンザニア滞在記」，東京外国語大学アジア・アフリカ研究所刊行『FIELDPLUS no.25』の「顔と emoji のフィールドワーク——異分野融合のフィールド実験で『顔を見る／読む／描く』に挑む」などを読んでいただきたい。

ブレット上に顔写真や絵文字を表示して，それらの顔が「笑っているか」「悲しそうか」を判断してもらう，という実にシンプルな実験である。その結果，本物の顔写真に対しては，どの地域でも表情判断の結果は似通っていた。アジアの人，ヨーロッパの人，アフリカの人，それぞれ笑顔，無表情，悲しい顔の9種類の顔写真を提示したが，アジアの人の悲しい顔について，タンザニアやカメルーンの結果と日本の結果の間にわずかな違いが見られたのみで，大まかに見れば，どの笑顔でも同じように笑っていると判断され，悲しい顔は悲しそうと判断された。

　表情の表出や認識が文化依存的なのか，それとも世界中で似通っているのか，これは心理学の中で半世紀近くもの長い間，議論されてきた問題であり，いまでも決着はついてない。この研究の結果からは，筆者らが調べた範囲では微妙な文化依存性はあるものの，ほとんど同じ，ということが言えそうである（なお実際に世界中で似通っていると主張するためには，世界中すべての文化，地域を対象に調査を行う必要があるが，これは現実的には困難である）。

　では絵文字の場合はどうだろうか。図 3.3 の右は Takahashi らの実験で使った顔文字の刺激である。日本では大半の人が☺や(^_^) のような絵文字を「笑っている」，☹や (T_T) のような絵文字を「悲しそう」と判断した。予想通りの結果である。しかしこれに対して，タンザニアやカメルーンの人たちの結果は大きく異なっていた。☺という形の（私たちにとっては）笑顔のスマイリーマークでも，タンザニアやカメルーンでは，ほぼ中立からややネガティブ（悲しい）側の感情であると回答されたのである。日本型の絵文字に対しても同様に，（筆者らが想定した）感情を顔写真ほどには読み取らないことがわかった。

　その後の研究を進めるなかで，カメルーンやタンザニアでは☺が目と口として認識されていない可能性があることがわかってきて

いる。予備的な研究結果ではあるが，ノイズパレイドリアや物体パレイドリアの画像に対して顔が見えるかどうかを調べた実験では，タンザニアやカメルーンでは日本人に比べて「顔が見える」という回答が少ないというデータも得られている。現在も研究を進めているところであり，結論に至るのはまだまだ先の話ではあるが，絵文字の表情認識の文化差を考えてみても，パレイドリアに環境や地域，文化が色濃く影響していることはありそうである。

　パレイドリアに立ち戻ってみれば，私たちはあまりにも当たり前のように☺や＾＾を目と口として認識し，その表情まで読み取っている。しかしそれは，決して自明なことではないのである。パレイドリアには多様性があり，同じ視覚情報からでも異なるモノの認識が生じる。しかし私たちの多くにとっては，☺は顔である。私たちは小さい頃から☺のような顔の表現にあまりにも慣れすぎていて，このような形での顔の抽象化・記号化に極端にバイアスされていると考えることもできる。表現が認識を生み，認識が表現を生み出す。この過程のなかで，本来は個人の認識の産物であるパレイドリアは共有化され，文化のなかのコードとなる。パレイドリアを生み出す顔の記号化について，文化や環境の視点を含めて，もう一度考えてみる必要があるだろう。

コラム　絵文字と顔文字の起源

　いまでは日々のコミュニケーションに現れる絵文字や顔文字は見慣れたものである。このような絵文字や顔文字はいつどこで作られたのだろうか。なお専門的には絵文字と顔文字は異なるものであり，顔文字は (^_^) のように文字により顔を表現したもの，絵文字は☺のように絵を文字として使えるようにしたものである。英語では顔文字は Emoticon，絵文字は Emoji と呼ばれる。というのも，絵文字は日本で開発されたからである。

　顔文字がインターネット上に初めて現れたのは今から 40 年ほど前といわれている。1982 年 9 月 19 日に Scott E Fahlman 氏が電子掲

示板に提案したのが最初らしい。そのときのメッセージがいまでも記録に残っている（http://www.cs.cmu.edu/~sef/Orig-Smiley.htm より）。

> 19-Sep-82 11:44 Scott E Fahlman　　　　　　:-)
> From: Scott E Fahlman <Fahlman at Cmu-20c>
>
> I propose that the following character sequence for joke markers:
>
> :-)
>
> Read it sideways. Actually, it is probably more economical to mark things that are NOT jokes, given current trends. For this, use
>
> :-(

　英文で使われる記号の制約からか，このときは顔は横向きに描かれていた。だから慣れている人にはすぐに顔と認識され表情が読み取られるが，しばらく顔と気づかない人もいる。それから数年後，ASCII NET の掲示板で若林泰志氏が (^_^) という顔文字を使ったのが日本型顔文字の始まりといわれている。

　絵文字が使われるのはそれから少しあとのことで，携帯電話（スマホではない）の普及と重なる。1990 年代に携帯電話（ガラケーである）は電話だけでなくテキスト通信の機能も備えるようになり，メッセージ交換には通信会社や電話機のオリジナル機能が組み込まれた。広く知られている絵文字の普及は，1999 年に NTT ドコモが始めたインターネット利用サービス「i モード」に搭載された栗田穣崇氏が開発したものがきっかけといわれている。その後，絵文字は発展を遂げ，2000 年代半ばには Unicode に収録されることとなり，いまでは普通のパソコンでも利用できるものとなっている。

　Fahlman 氏の顔文字からわずか 30 年あまりで，人類はテキストメディアで言語的な方法によらずに感情をやり取りする方法を獲得したのである。これもパレイドリアのおかげである。

3.2 パレイドリアとデザイン

テキストコミュニケーションに現れる顔文字は，私たちの社会生活の中にパレイドリアが入り込んでいる格好の例である。さらに社会を眺めてみると，プロダクトデザインの中にパレイドリアが見つかることもよくある。印象的な例として，Audi 社が公開したAudi A4 のテレビ CM「Audi A4 "Faces" Commercial」について紹介しよう[20]。この CM では，顔に見えるさまざまな人工物，自然物が次々と映る。そのうちいくつかが実は車のパーツになっている。そして最後に，暗闇の中に Audi A4 の正面が現れる。顔の認識が駆動されている私たちにとっては，Audi A4 の顔立ちになんともクールな印象を読み取ってしまうのである。

ところでこのような製品がパレイドリアを生じさせ，顔の認識を生み出し，そして顔由来と思われる印象を与えることには，どのような意味があるのだろうか。ここではデザインの中のパレイドリアが生み出す効果について紹介しよう。

Landwehr らは，パレイドリアを生み出すプロダクトデザインとユーザがその製品から受け取る印象について報告している(Landwehr et al., 2011)。Landwehr らの研究では，まず自動車のヘッドライト（目に該当）とラジエーターグリル（口に該当）に注目し，正面から撮影した自動車の写真を加工し，さまざまな表情に見える自動車の写真を作成した（図 3.4）。そしてこのようにして作った自動車が友好的に見えるか敵対的に見えるかを判断するという調査をインターネット上で行った。263 名の回答を集計したところ，ヘッドライト（目）の形状にかかわらず，ラジエーターグリル（口）がにっこりした形状（☺，図 3.4 の左）の場合は友好的に見えること，そして口が「ム」（☹）の場合や目が釣り上がった形

---

20) 2023 年現在でも，"Audi A4 Faces Commercial" というフレーズで検索すると動画が見つかる。興味がある方は実際に見てみてほしい。

図 3.4 Landwehr らの実験で使われた自動車の実験刺激の模式図。左の自動車では，目の形は弓形 (＾＾)，口はにっこりした形状 (☺) である。右の自動車では，目は釣り上がって傾いた直線型 （＼ ／) で「ム」の口 (☹) である。左は友好的な顔，右は攻撃的な顔とされた。実際の実験では自動車の写真が使われた。

状（図 3.4 の右）の場合には攻撃的に見えるということがわかった。また，友好的か敵対的かだけでなく，その自動車をどのくらい好きかという評価にもヘッドライトとラジエーターグリルの形状が影響していて，友好的な口と攻撃的な目の顔が最も好まれることがわかった。このような「顔」による好みは自動車に限ったことではない。Landwehr らは携帯電話（図 3.5）についても同様の実験を行い，やはり友好的な口と攻撃的な目の顔が最も好まれることがわかった。

　ここでさらに疑問が浮かんでくる。第 2 章で紹介したように，パレイドリアが顔と認識されているのであれば，それは行動にも影響を及ぼす。では車は顔で売れるのだろうか。Landwehr らはさらに，実際の自動車の「顔」に着目し，その売れ行きを分析した。ドイツ国内で販売されている 123 種類の自動車（全販売数の 73％にあたる）について，それらのヘッドライトとラジエーターグリルの形状から車の表情を分類し，売上との関係を調べた。その結果，実験での好みの印象の結果と同じように，最も好まれる顔，つまり友好的な口と攻撃的な目を持った自動車が最も売れていることが明らかになったのである。当然，文化による好みの違いなどはあるだろう。また，日本の市場で好まれる顔は異なるかもしれない。しか

図 3.5　Landwehr らの実験で使われた携帯電話の実験刺激の模式図。左のふたつは友好的な口，右のふたつは攻撃的な口，一番左と右から 2 番目は友好的な目，左から 2 番目と一番右は攻撃的な目の形状である。実際の実験では携帯電話の写真が使われた。

し，プロダクトデザインにおいて，モノを「顔」化して表情を想定して設計することが実際のモノの売れ行きを左右することは，十分にありそうである。

　ここでは自動車についての研究を紹介したが，私たちが気づかないうちに，モノのデザインの中に顔を見出し，その顔からモノの個性を連想し，現実の購買行動に結びつけてしまう，ということは他にもありそうである。私たちには，顔に見えそうなモノは顔として見てしまう傾向がある。それだけでなくモノの顔から表情を読み取り，そのモノへの行動を変容させる。あなたがデザイナーなら，顔化するモノが現実のマーケットの中でインパクトを持つかもしれないということを念頭に，モノのデザインを考えてみるのもいいかもしれない（少なくともドイツの市場では友好的な口と攻撃的な目の組み合わせが良さそうである）。そうでなくても，買い物に行けば顔化するモノのデザインに影響を受けて商品を選んでいることもあるだろう。そういった体験を探しながら街中を歩いてみるのも面白い。

3.3 パレイドリアと美

パレイドリアにおいて顔として認識されたモノは，その顔つきや表情に応じて私たちの印象を左右する。では，顔として認識できるということそれ自体によって，印象はどのように変わるのだろうか。この問題は，次のようにも言い換えることができる。

心理学では昔から顔の美しさについての研究が数多く行われてきた。たとえば左右対称の顔は美しい。複数の顔を平均すると美しくなることもよく知られている。しかしこれらの研究では，どのような顔が美しいのかを明らかにすることはできたが，「顔が美しいのか」という問題は検証できない。なぜならすべて顔だからである。しかし，そもそも顔は美しいのだろうか。2.3節で，顔のパーツの配置と顔認知の関係について紹介した。目と鼻の位置に対応するように3つの顕著なパーツがあれば，詳細な情報は顔とは似つかなくても，私たちには顔が見えてしまう。

このような顔パレイドリアの性質を利用して，筆者らはパレイドリアと美しさの関係について調べた (Takahashi & Watanabe, 2014)。Takahashi らは円の中のランダムな位置に3つの点が配置されるという単純な図形をたくさん作成し，その図形に対して「美しさ」や「顔らしさ」を評価してもらった（65ページの図2.9参照。正確には，上半分に2点が，下半分に1点が配置されるように制約をかけている）。こうすることで，基本的な特徴としてはほとんど似通った図形の間で，それが顔に見えることと美しく見えることの関係を探ろうというわけである。図3.6では最も「顔らしい」，「美しい」，「不気味」と判断された図形の例を示しているが，結果は概ね予想通りで，顔らしさと美しさの間には強い相関関係が認められた。

一方で細かく検討してみると，最も顔らしい配置と最も美しい配置の間には若干のズレがあった。図3.6からもわかるように，最も

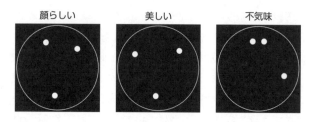

図 3.6　Takahashi らの研究で最も顔らしい，美しい，不気味と判断された図形の配置。

美しい配置は，微妙に「離れ目」なのである。この理由は定かではないが，正三角形に近く，点対称となるために幾何学的美しさが生まれているのかもしれない。そして顔パレイドリアではなく本物の顔を使ったときに同じように離れ目の方が魅力的になるかどうかはさらに検討を要する。

　ここでは幾何学的図形の顔らしさと美しさのみを扱ってきたが，パレイドリアと美の関係についての本質を考える上で，もう一つの疑問を投げかけておきたい。本書で紹介するパレイドリア，そして世の中で見つかるパレイドリアには，「顔に見える」顔パレイドリアが圧倒的に多い。このような顔パレイドリアの美しさ，もっと広く言えばパレイドリアの魅力とは，そこで見えたモノそのものの美しさや魅力から生まれるものなのだろうか。それとも，何かが別のモノに見えるパレイドリアという現象そのものに，私たちは魅力や面白さを感じるのだろうか。逆に，美しくないモノが見えてしまうパレイドリアでは，魅力や面白さは感じないのだろうか。顔が美しいから顔に見えるものが美しいということには，説得力もあり，現実のデザインに役立つものである。しかし，顔に限らずパレイドリアを引き起こすもの，つまり認識の二重性を許すようなもの，そしてそこに新たな意味を見出す過程そのものが，私たちにとって魅力的なものなのかもしれない。パレイドリアが世の中で楽しく受け入

れられ，SNSなどで盛り上がっている様子を見ていると，実はパレイドリアが生じるなかで意味を見出す過程そのもの，認識の構造を浮かび上がらせてくれる過程そのものが，私たちを惹きつけてやまないのかもしれない，とも思えてくる。「あ，見えた」と思える瞬間の楽しさ。「顔にも見える」という知覚の不思議を味わえる楽しさ。ぜひとも読者にも考えてみてほしい問題である。

3.4　赤ちゃんとパレイドリア

大学の講義でパレイドリアについて紹介すると，「私もそういう経験あります。小さい頃，寝るときに壁に顔があるみたいで怖かった……。原因がわかってよかったです」というような感想をよく聞く。ではパレイドリアのようなちょっと変わった認識は，私たちの発達の中でどのようにできあがるのだろうか。いつ頃から，壁のシミが顔に見えるようになるのだろうか。今のところ，この問いに対する答えが明快にわかっているわけではないが，ここでは乳幼児の顔認知やパレイドリア研究に触れながら，乳幼児の発達とパレイドリアという問題を考えてみよう。

乳幼児の顔認知についての数多くの研究から，生まれて間もない新生児でさえも顔のようなパターンを見たがることがわかっている。新生児の考えていることを直接聞けるわけではないので正確には新生児に何かが「見えて」いるのか，つまり主観的な認識のようなものができているかどうかはわからないが，少なくとも顔のようなパターンに視線を向けたがるということがわかっている。1975年の Goren らの研究では，生まれてから数分程度の新生児に図 3.7のような顔に見えるパターンと，パーツはそのままで配置だけを変えたパターンを見せたところ，顔のようなパターンに対して好んで目を向けることが観察された (Goren et al., 1975)。

Goren らの研究は，視覚経験がほとんどないはずの新生児が本

図 3.7 顔のパターンと，パーツはそのままで配置だけを変えたパターン。

能的（生得的，生まれつき）に顔の絵に目を向けたがるという点で驚くべきものである。2.3 節で触れたように，私たちは顔を優先的に処理する。この能力は遺伝子に刻まれているのだろうか。新生児は本当に「顔」に視線を向けるのだろうか。

　Goren らの実験をよく見ると，顔のパターンではとりわけ下部（口）に比べて上部（2 個の目，眉）にさまざまなパーツが集まるというトップヘビーと呼ばれるパターンが特徴的である。新生児が見たいのは「顔」なのか「トップヘビー」なのか。新生児の声を直接聞ければいいが，やはりそれはできないので，間接的な証拠を集めるしかない。そこで，さまざまなパターンの実験刺激を用いた研究が行われてきた。たとえば目や口を描いた顔の絵や本物の顔写真ではなく，∵ と ∴ のような単純な幾何学図形を使った研究でも，ボトムヘビーのパターンである ∴ よりもトップヘビーのパターンである ∵ の方を好んで見ることが報告されている (Simion et al., 2002)。また，顔写真のレイアウトをいじって目や口の場所や向きを変えた福笑いのような写真を使った場合，つまり通常の顔のようには見えない場合でも，新生児はパーツが上部にたくさん集まるトップヘビーの写真を好んで見ることがわかっている (Cassia et al.,

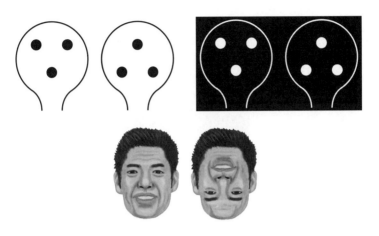

図 3.8　新生児実験で使われた刺激のイメージ。

2004)。これらの結果は，新生児は「顔」を好んで見ているわけではなく，「トップヘビー」の構造に対して反応しているということを示すものである。

　一方で，新生児が好むのはやはり「顔」なのではないだろうか，という研究もある。Farroni らが 2005 年に発表した研究を紹介しよう (Farroni et al., 2005)。Farroni らは生後 13 時間から 168 時間の新生児に対して図3.8のような画像を見せた。するとやはり，トップヘビーの∵のタイプの刺激の方を，ボトムヘビーの∴のタイプの刺激よりも長い時間見ていることがわかった。同様に実際の顔写真と，その顔写真の中の目，鼻，口の位置を上下反転させたものを見せたところ，やはりトップヘビーのパターンとなっている普通の顔写真の方を長く見ていた。しかし，図3.8の右上のように目や口の部分が背景より明るいとき（黒地に白丸）には，そのようなトップヘビーのパターンに対するバイアスが生じないことがわかった。自然の顔では目や口に当たる部分は肌の領域よりも暗くなるは

図 3.9　Mooney face とジュゼッペ・アルチンボルドによる『ウェルトゥムヌスとしての皇帝ルドルフ 2 世像』。16 世紀のイタリアの画家ジュゼッペ・アルチンボルドは，果物や野菜などを組み合わせた肖像画で有名である。全体を見ると顔に見えるが，よく見るとすべて野菜や果物でできている。

ずだから，新生児が好んでいるのは単純なトップヘビーのパターンではなく「顔」である，ということを主張している。

　新生児が「顔」を好むのか「トップヘビー」を好むのか。結局のところ今でも決着はついていないが，新生児のかなり早い段階から顔のようなパターンを見たがるということは間違いなさそうである。

　では，もう少し成長した乳幼児についてはどうだろうか。生後数か月以上の乳幼児の研究を見てみると，乳幼児の顔パレイドリアの特徴は成人のそれとは多少異なるようである。Otsuka らは図 3.9 で示したような顔写真を白黒 2 色化した Mooney face と呼ばれる画像刺激を用いて，月齢 3 か月から 4 か月の乳児が正立の顔を倒立の顔よりも好んで見るのかを検討した (Otsuka et al., 2012)。その結果，肌に該当する部分が白で，目，口，鼻などに該当する部分が黒で塗られたパターンの場合には正立の顔を好んで見ることがわかった。しかし白黒反転した場合には，このようなバイアスは消えた。これは Farroni らの新生児の研究と一致する結果である。な

お，私たち成人は白黒反転した画像に対しても顔として認識できるように思えるが，成人の顔認知能力を細かく測定すると白黒反転画像に対しては知覚パフォーマンスが低下する（Tomalski et al., 2009）。

Kobayashi らは Mooney face とは別の画像として，アルチンボルドの肖像画（図 3.9 右）を使って乳幼児の選好を調べた（Kobayashi et al., 2012）。この研究では月齢 6 か月から 8 か月の乳幼児に対して，正立のアルチンボルドの肖像画と倒立のアルチンボルドの肖像画を見せて，どちらをより長く見ているかを計測した。Mooney face や Farroni らの∵のような刺激の場合，それが他の何かに見えるということはほとんどない。顔に見えなければ，意味をなさない模様である。しかしアルチンボルドの肖像画の場合には，細部を見ると別のものが認識できるという意味で，パレイドリアの二重性という特徴を持っている。したがって，野菜や果物といった細部の認識と並行して（あるいは抑制して），顔を見る必要がある。実験の結果，7 か月児や 8 か月児では正立の肖像画を好んで見ていたが，6 か月児では正立への選好は現れなかった。より広範なタイプの画像を使って月齢 7 か月から 9 か月の乳幼児の顔認知を調べた研究でも，同様の結果が得られている（Dale, 2017）。つまり，顔写真や Farroni らのような図式的な顔，そして Mooney face の場合は正立の画像を好んで見ていた。しかしアルチンボルドの肖像画や，木や岩や雲が顔に見えるという物体のパレイドリア（図 2.1 のような画像検索で見つかるもの）の場合には，そのような選好は認められなかったのである。

これらの結果をまとめると，トップヘビーのパターンで，特に白黒の配置が顔に似ている場合，生後まもない新生児でも選好して見る能力が備わっているらしい。一方で，物体に対する顔パレイドリアのように二重性が明確な場合には，多少様相が異なり，ある程

度成長しないと顔は見えないようである。物体のパレイドリアの場合には，画像中に顔に関連するパーツ以外の情報が含まれているのでトップヘビーのパターンが検出しにくいのに加え，顔以外の意味を持つさまざまな物体が含まれるので，それらの物体に対する本来の認識を抑制して，またはそれと並行して別のモノを見るというパレイドリア特有の認知処理を駆動する必要がある。このような能力は，もう少し成長してから獲得するのかもしれない。

∵ のようなトップヘビーのパターンを顔として見ることと，コンセントのような物体を顔として見ること。私たちの認識の中ではそれほど違いはないようにも思えるが，赤ちゃんの研究からはこれらの現象が実は異なるものである可能性が浮かび上がる。

3.5 パレイドリア・幻視・現実感

パレイドリアと一見似たような現象として，幻覚というものがある。物理的には何もないのに何かが見えたり聞こえたりしてしまうものであり，何かが見えてしまうような視覚的な幻覚は幻視，何かが聞こえてしまうような聴覚的な幻覚は幻聴と呼ばれている。ここでは幻視とパレイドリアの関係，そしてそこに感じる実体感について考えてみよう。

視覚的な幻覚である幻視とパレイドリアでは，両方とも現実には存在していないものを見るという点で共通した特徴がある。しかし一般に幻視はそれを生み出すような視覚入力がなくても見えてしまうという点で，パレイドリアとは明確に異なる現象である。パレイドリアの場合には，壁のシミでも ∵ でもいいが，それと見間違うべき視覚的な入力がある。

また，パレイドリアにより顔や動物が見えたとしても，本当にそこに顔や動物が存在しているとは感じない。パレイドリアには不可逆性があるので，一度顔が見えてしまえば，なかなか顔という認識

を消し去ることはできないが，それでも二重性という特徴づけの中で論じたように，見えているだけで本当にそこに顔があるわけではないのだという信念は揺らがない。これに対して幻視の場合には，見えたものが本当にそこにあるという感覚がともなわれることもある。

　一口に幻視といっても，閃光のようなものが見える無意味で単純なものから，物体や人物や顔などが見える複雑なものまで，さまざまな種類の幻視が知られている。私たちがパレイドリアとして経験するものは人物や顔などが大半なので，ここでは後者の複雑型幻視とパレイドリアについてレビー小体型認知症の事例をもとに話を進めてみたい。

　高齢化社会のなか，認知症患者は増加の一歩をたどり，大きな社会問題となっている。一口に認知症といってもいくつかのサブタイプがある。全体の8割以上を占める3大認知症であるアルツハイマー型認知症（約50%），レビー小体型認知症（約20%），そして脳血管性認知症（約15%）[21] が比較的よく知られているが，認知症のタイプにより原因や特徴的な症状，男女比などは大きく異なる。このなかでもレビー小体型認知症 (DLB) は，何度も繰り返し幻視が現れることが特徴であり，DSM-5 の診断基準の中核的特徴としても「よく形作られ詳細な，繰り返し出現する幻視」という項目があるほどである。特徴的なのは，DLB の場合は幻視の中でも特定の意味をもった視覚像が現れる複雑型幻視が圧倒的に多く（90%以上），しかもその多くは人物や動物が現れるということである。

　繰り返しになるが，パレイドリアと幻視の違いの一つは，幻視が何もないところに何かを見るのに対し，パレイドリアの場合は，認

21）　正確な割合には諸説あるが，大まかに言って，アルツハイマー型認知症，レビー小体型認知症，脳血管性認知症の順で患者数が多い。

識を誘発する何らかの視覚的入力があるという点である。些細な違いに思えるかもしれないが，視覚情報とは無関係に意味のあるものが見えることと，何らかの視覚情報を本来とは異なる形ではあるが意味のあるものとして見えること，パレイドリアについて考える上でこの両者の違いは実に大きい。幻視であれば入力がなくても何かが見えるのであるが，後述するパレイドリアテストの開発者の一人である精神科医・神経内科医の西尾慶之氏が指摘するところによれば，DLB 患者に複雑型幻視が生じるとき，特に人物や動物が現れるときには，そう見えるべき何らかの対象が視覚的に入力されていることが多いようである。西尾氏の言葉から，興味深い事例を紹介しよう。

> 筆者（西尾氏のこと）は「隣の家の木に相撲取りが登っている」という幻視を訴える患者を経験したことがある。隣人がこの木を切り倒したところ，この患者が「相撲取り」を見ることはなくなった。この症例が示唆しているのは，「幻視」すなわち「何もないところに何かを見ている」とわれわれが考えているケースにおいても，実在する視覚対象を契機に誤った知覚が生じている可能性があるということである。
>
> （西尾，2014 より。（　）内は筆者加筆）

では逆に DLB 患者にパレイドリアを誘発するような画像を見せたらどうなるか。Uchiyama らは視覚的な入力から複雑型幻視が生まれるという DLB の特徴を使って，パレイドリアテストという検査手法を開発した (Uchiyama et al., 2012)。パレイドリアテストは，さまざまな風景画や図 2.6 のようなノイズ画像を提示し，そこに何が見えるかを尋ねるというシンプルなものである。DLB 以外の認知症患者，たとえばアルツハイマー型認知症患者では，意

味のあるものが見えると回答する人がほとんどいないのに対して，DLB 患者では，ほぼ全員が何らかの意味のあるものが見えると答えることがわかった。従来の診断では明確な幻視症状が認められないような DLB 患者に対してもパレイドリアを誘発できることから，診断に有用とされ，実際に臨床検査の現場への導入も進められているようである。これもパレイドリアの社会実装のひとつのかたちであり，パレイドリアが社会に役立っている貴重な実例でもある。

　人物や動物が圧倒的に多く，そう見えるための何らかの視覚的な対象を必要とする。このように DLB 患者に現れる複雑型幻視は，私たちが普段経験するようなパレイドリアと共通の特徴を持っている。ところが両者で大きく異なるのが，そこで見えたものの「現実感」，あるいは「誰かがいる」という感じ，専門的には実体意識性 (sense of presence, feeling of presence) である。再び，西尾氏の言葉を引用してみよう。

　　重症の幻視を有するレビー小体病の患者は，幻視についての病識が失われ，幻視を現実の出来事として受け取ってしまうことがある。このような患者はコンセントの写真中に「犬の顔」のパレイドリアを見出した時，「コンセントの中に犬がいる訳ありませんが，実際ここには犬がおりますね」などと述べる。

　　西尾慶之「現実感が道理をしのぐ時：レビー小体病患者の幻覚体験」
　　　　　　　（2017 年度日本認知科学会第 34 回大会抄録集より）

　レビー小体型認知症の幻覚について調べた Nagahama らの研究でも，人物の幻視と実体意識性の関係が見出されており (Nagahama et al., 2010)，レビー小体型認知症のパレイドリアには「誰かがいる感じ」がともなう傾向が顕著である。このことを手がかりにパレ

イドリアの「見える」と「いる」の二重性を見出すことができる。

　私たちが経験する通常のパレイドリアの場合，「見える」と「いない」が共在しているといえる。コンセントが顔に見えるとき，顔が見えつつも実際はコンセントであるという二重性の裏には，顔は見えつつも実際には存在しないものだという二重性も存在している。

　一方でレビー小体型認知症患者の見るパレイドリアの場合は様相が異なり，「見える」と「いない」の二重性が許容できないような状態であるといえる。そもそもレビー小体型認知症では比較的初期の段階，「近くに誰かがいる」という実体意識性や「何かが自分の横を通り過ぎる」という過ぎ去り幻覚が認められる。パレイドリアのような複雑型幻視は病状が進行した後に認められる傾向にあるということである。以上の知見をもとに，西尾氏は「他者の存在感を惹起する異常な感覚が，誤って想起された視覚イメージに人物もしくは動物の意味を付与したり，それらの偽対象に現実感を付与したりする」（西尾慶之「現実感が道理をしのぐ時：レビー小体病患者の幻覚体験」，2017 年度日本認知科学会第 34 回大学抄録集より）というプロセスを提案している。

　第 1 章では，一般的な錯視や知覚現象から出発して，認識のゴールについて論じた。認識のゴールとは，目に入ってきた情報を通して，その情報を生み出した対象を捉え，理解し，知ろうとすることである。そこでは不良設定問題を解決するために，感覚情報に加えて内的な情報，つまり経験や信念を利用して，そのような感覚情報を生み出す「最もありそうな」世界が認識すると述べた。ここで視覚入力を生み出す無数の原因の中で実体意識性，つまり「誰かがいる」ということが避けがたく付随し顕著なのだとしたら，複雑型幻視が見える可能性は高まる。そしてそのように生み出された複雑型幻視については，現実感を棄却する理由もないのである。

3.6 生き物だらけのパレイドリア

　レビー小体型認知症の例では，「誰かがいる」「何かが自分の横を通り過ぎる」といった現実感がパレイドリアを生み出している可能性を見て取れた。このことを裏付けるように，認知症患者を対象とした研究で生じるパレイドリアでは，全体の70％以上で人物または動物の錯覚が生じる。一方で，一般的に私たちが経験するパレイドリアの場合では，普通はそのような現実感はともなわず，何かは「見える」だけであり，存在していないことは明確に自覚している。ではこれらの2つの現象は，全く別物なのだろうか。

　2.2.5項で，パレイドリアで見えるものには多様性があることを紹介した。とはいっても，どんなものでも見えやすいというわけではなく，レビー小体型認知症患者の見るパレイドリアと同じように，一般的な傾向としても生き物，特に人や動物が圧倒的に見えやすいことがわかっている。筆者らもさまざまなパレイドリアの調査を行っているが，たとえば30代から60代の非患者群24名を対象とした調査では，ノイズパレイドリア画像（図2.6）に対して生じたパレイドリアのうち，全体の22％が「人物」，51％が「動物」となっている（図3.10）。大学生を対象とした調査でも同様の結果である。

　西尾氏が鋭く指摘するように，私たちは確かにパレイドリアから現実感を排除して認識するが，逆に視覚入力の不在の中にも他者や動物の存在，つまり実体意識性を感じることはある。これはDLB患者でなくても，同様である。暗闇の中に何かの影を見たとき，あるいは何も見ていなくても，「何かいるのだろうか」と感じる。これに対して「何かがある」ということを感じることは滅多にない。とすると，私たちの認識は普段から「何かがいる」にバイアスされているということになる。「何かがいる」と感じたとしても，そのような感覚を生み出した対象が生き物や動物ではないということが

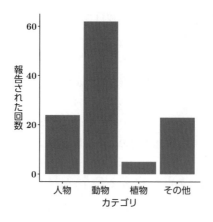

図 3.10　ノイズパレイドリア刺激に対して報告されたもののカテゴリ
（未公刊データ）

明確に否定できれば，「いる」の認識は抑え込まれ，単なるモノの認識が生じる。あるいは何もいないという認識が生じる。知覚の構造と同じように，認識される現実は多義的であって「いる」と「いない」の間を揺れ動く。壁のシミをお化けの顔に見立て怖がる子どもたちもいる。そうではないのだ，と否定しきれないこともある。このような「いる」に振れやすいという認識のバイアスが，パレイドリアの中で人物や動物が見えやすいことと関係するのかもしれない。

　2.2.3 項でパレイドリアの特徴づけとして非対称性について紹介した。コンセントは顔に見えるが，顔はコンセントに見えない。この非対称性の多くは，モノが生き物に見えるが，その逆は起こらないというものである。このことも，「いる」に対する認識のバイアスを仮定すれば理解できる。

　ではパレイドリアは常に「何かがいる」の感覚によって引き起こされるのだろうか。たとえばコンセントや自動車が顔のように見え

たときに，確かに疑いようのない顔の認識は自覚できるし，顔検出の脳活動も働いてはいるが，そこに一瞬でも「何かがいる」という感覚が生じているかというと，筆者の実感としてはそうは思えないのである。意識に上らないレベルでの「何かがいる」が脳の中で駆動されており，コンセントを顔に見せるのかもしれない。あるいは曖昧なノイズや暗闇に何かを見るような状況とは異なるメカニズムによりパレイドリアが生まれているのかもしれない。生き物だらけのパレイドリアには，まだまだ謎が多く，実体意識性，ノイズパレイドリア，物体のパレイドリアの関係などは，本質的で興味深いトピックである。今後のさらなる研究が待たれる。

コラム 星座とパレイドリア

Capricorn ♑ Aries ♈ Cancer ♋ Libra ♎
Aquarius ♒ Taurus ♉ Leo ♌ Scorpio ♏
Pisces ♓ Gemini ♊ Virgo ♍ Sagittarius ♐

　パレイドリアと呼ぶべきかどうかわからないが，パレイドリアに似たようなものとして，星座は世界中で広く知られている。具体的な形象を持たない夜空の星々の位置関係を何か別のモノに見立てるという点で，古代の人たちが見たパレイドリアと言えるかもしれない。昔，パレイドリア研究をすすめる傍ら，星座の中のどの程度が人物や動物なのか調べたことがあるが，パレイドリア同様にその割合はやはり非

常に高かった。日本で最も有名な黄道十二星座を見てみると，実に11星座まで人物や動物の形が描かれている[22]。近代の天文学で用いられている88星座の場合は，手元の集計によれば17星座に人物が含まれ，48星座に動物が含まれている。

　現在まで知られている星座の多くはギリシャ神話がもとになっているという。古代，神々は実在のものと考えられていただろう。そして天空は神々の住処だったに違いない。しかし神々は，その姿をつぶさに私たちに見せてくれることはない。ならば古代の人びとは，夜空の星々の中に，それを生み出している神々の姿を捉えようとしていたのかもしれない。ここには，視覚的な入力からそれを生み出す外界を捉えようとする知覚の構造との類似性が見て取れる。神話の世界の登場人物の大半は，人物（神々）や動物である。であれば，星々の形象を生み出す原因としても最もありそうなものも，やはり人物や動物ということになる。だからこそ，ただの点の集まりの星々が，神話の人物や動物という原因を与えられて，意味を持ったまとまりとなっていったのかもしれない。

---

22) 水瓶座や射手座は，名前こそ器物だが，実はよく見ると「水瓶を持った人」や「弓を構えた半人半獣のケンタウロス」が描かれている。唯一の例外は天秤座である。

第4章 アニマシーの認知心理学

　第2章と第3章で紹介したパレイドリアは，本来そうではない
もの，ありそうではないものが「見えてしまう」現象である。ここ
では過剰な意味付けとは，形ある有意味な像が「見える」こと，つ
まり視覚的に認識されることに他ならない。しかし見ること，聞く
こと，触ることを通して，感覚情報の中に有意味な像を知覚するこ
とだけが私たちの認識のすべてではない。1.3節で触れたように，
私たちは偶然の出来事の連鎖の中に超能力を見出し，天変地異の
原因として超自然的存在の意図を感じてしまう。目に見えるパタ
ーン，あるいは経験する出来事の背後に，目に見えない力の存在を
仮定し，パターンや出来事を意味のあるものとして認識しようとす
る。

　本章で紹介するアニマシー知覚はこのような認識の典型的な例で
ある。一見するとパレイドリアと似ている現象ではあるが，筆者の
考えではパレイドリアとアニマシー知覚というこのふたつの現象は
過剰な意味付けの異なる側面が関わると考えている（詳細な議論は
4.7.2項を参照）。視覚情報として与えられた動きの背後に，その動
きを生み出す力としての生命性，あるいは動物性をいともたやすく
感じ取ってしまう。そのような認知の傾向が私たちには備わってい
るのである。第4章と第5章ではアニマシー知覚についての認知
心理学的な研究やさまざまな応用事例について，第1章で議論し

た知覚の構造や過剰な意味付けという観点を踏まえて考えてみたい。その前に，まずは人間にとって少し特別な，生き物に対する認知について紹介しよう。

4.1　生き物に対する特別な認知

　私たちは生き物を追いかけ，生き物を捕獲し，生き物に脅えて生き残ってきた。現生人類であるホモ・サピエンスが地上に現れて数十万年といわれている。その長い歴史の大半，短く見積もってもほんの数万年前までを，私たち人類の祖先は狩猟採集民として一生を過ごし，野生の動物や植物を獲得して生きるための糧としてきた。生き物，特に動物[23]は，栄養に富んだ食料であるとともに，時には命を危険にさらす敵でもあった（図 4.1）。生き物を素早く見つけて，安全な獲物なのか危険な敵なのかを認識し，適切な行動を選択する。このことが，人類が生き残るために極めて重要な能力であったことに間違いはないだろう。

　狩猟採集民の時代を終えると，犬や羊などの一部の生き物は家畜化され，私たちと共に生活するようになった。狩猟や長距離移動の助けとして，そして安定した栄養供給源として，私たちは生き物に囲まれて，生き物と交わりながら生きてきた。食料として獲物を捕えるとか，危険な外敵から逃げ延びるというような，個人や集団の生存に直結する交わりもあっただろう。生き物をかけがえのない個として認識し，飼育し，時には埋葬まですることもあった。私たちと生き物の間には，社会的な関わりといえるような関係も生まれた。

---

23)　大雑把にいえば，生き物には動物と植物が含まれるが，本書で以降「生き物」といったときには主に動物のことを指す。アニマシーは日本語で「動物性」ではなく「生物性」と訳されることが一般的である。また認知科学の文脈でも動く生き物，つまり動物に対する形容として「生き物らしさ」という言葉が広く使われており，「動物らしさ」という言葉は滅多に使われない。

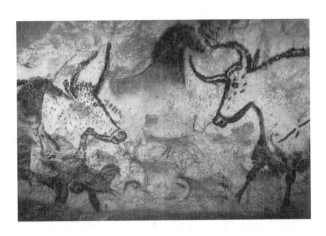

図 4.1　ラスコー洞窟の壁画。数々の動物が生き生きとした姿で描かれている。約 2 万年前の旧石器時代に描かれたとされる。（画像は Wikipedia「ラスコー洞窟」より）

　現代では，生きるか死ぬかというレベルでの生き物との交わりは，私たちの日常生活にはほとんど見られなくなった。その代わりに，犬や猫，魚などの一部の生き物は愛玩の対象として，あるいは生活の助けとして，私たちの日常に入り込んでいる。動物園や水族館には大勢の人びとが訪れる。子どもたちは大はしゃぎで生き物を観察する。大半の大人たちも，心の中では興奮しているに違いない。実は筆者はベタという魚を家で飼っている（図4.2）。アニマルライツの問題を考えたときに，小さな水槽の中でたった一匹の魚を飼うことがどういうことなのか，モヤモヤとした思いがあるのが正直なところではある。しかし餌をあげるときには話しかけ，少し元気がなければ心配し，朝起きれば挨拶する。そんな私たちとベタの関わりを経験していると，生き物が私たちを惹きつける存在であるということがよくわかる。

　このように狩猟採集民の時代から現代に至るまで，関わり方こそ

図 4.2　筆者の家のベタ。白黒だとわからないが，色は青く美しい。

変わってきてはいるが，私たちは生き物に囲まれ，生き物を追いか
け，そして生き物に脅えて生きてきた。このような生き物との関わ
りの歴史は，現代を生きる私たちの知覚や認知にも色濃く反映され
ているらしい。私たちにとって生き物は，それ以外のモノに比べて
見つけやすく，記憶に残りやすい対象のようである。アニマシー知
覚の話に入る前に，本物（とはいっても，実物ではなく多くの場合
は実験場面でコンピュータの画面上に表示されるものであるが）の
生き物に対する認知過程についての研究を紹介しておこう。

4.1.1　生き物を見つける

　生き物は私たちにとって，あるいは少なくとも私たちの祖先にと
って，認識する価値の高い対象である。捕獲するにしろ逃げるにし
ろ，素早く正確に認識することが食料や生存といった報酬として返
ってくる。まずは，生き物を見つけるという認知能力に関連した研
究をいくつか紹介しよう。

　Thorpe らは超短時間提示される風景の写真の中に生き物がいた

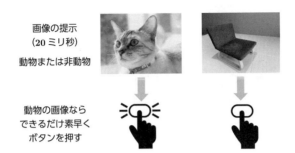

画像の提示
（20 ミリ秒）
動物または非動物

動物の画像なら
できるだけ素早く
ボタンを押す

図 4.3　Thorpe らの実験で行われた Go/No-Go 課題の流れ。極めて単純な実験課
　　　　題だが，認知心理学の中でよく使われるものである。

かどうかを判断するという単純な Go/No-Go 課題を行い，課題中
の脳波を計測した (Thorpe et al., 1996)。Go/No-Go 課題とは，あ
らかじめ決められたターゲットが出現したらボタンを押すなどの反
応をできるだけ素早く実行し，ターゲット以外のものが出現したら
何も反応しない，というものである（図 4.3）。反応しないという
行動を求めるため，行動抑制過程の研究などで広く用いられている
ものである。

　Thorpe らの実験では，4000 枚以上のさまざまな風景画像を刺
激として用意した。このうちの半数ほどは動物（哺乳類，鳥類，爬
虫類，魚類）を含むもので，これらはターゲットとして用いられ
た。残りの半分ほどは，森，山，湖，建物，木や花といった動物を
含まないものである。これらの画像の中からランダムに 1 枚を選
んで実験参加者に提示し，動物が含まれていたら反応するように求
めた。特筆すべきこととして，画像の提示時間はわずか 20 ミリ秒
（100 分の 2 秒）である。実験をしてみると，このような超短時間
提示でも実験参加者は 94％程度という高い割合で生き物を発見す
ることができることがわかった。脳波の結果からは，動物を含む画
像を提示したときと含まない画像を提示したときの間で，画像提示

後わずか 150 ミリ秒という素早い潜時の脳波反応に違いが現れることがわかったのである。このような違いは前頭に取り付けた脳波電極に出現しており，動物ではないことを判断して反応を抑制する脳活動を反映していると解釈されている。

Thorpe らが明らかにした素早く正確に動物を発見するという認知能力については，その後も多くの研究で同様の結果が繰り返し報告されている。私たちは，自然風景の中にいる生き物を素早く正確に見つけることができる。そのような脳の仕組みを持っているのである。

New らは変化盲 (change blindness) と呼ばれる有名な現象を用いて，自然風景の中に現れる生き物が，生き物以外の物体に比べてひときわ注意を引きつけやすいことを明らかにしている (New et al., 2007)。変化盲とは，言われれば絶対に気づくような大きな変化になかなか気づくことができない現象である (Rensink et al., 1997)。認知実験としては，たとえば飛行機のエンジンが現れたり消えたりするというような，同じ風景の中の一部分だけが異なる 2 枚の画像を準備して，0.5 秒から 1 秒程度の間隔で交互に繰り返し提示し，変化に気づくまでに要する時間を計測する。

New らはさまざまな種類の自然画像を準備し，その画像の中の一部の物体（生き物，植物，人物，人工物など）を消すという加工を施した。そしてオリジナルの画像と加工した画像を 250 ミリ秒の間隔をあけて 250 ミリ秒間ずつ交互に繰り返し提示し，画像中のどこに変化があるかを回答するように実験参加者に求めた（図 4.4）。その結果，動物や人物が消えたり現れたりする場合には，それ以外の物体が消えたり現れたりする場合に比べて，とりわけ素早く正確にその変化を見つけ出すことができたのである。平均すると，動物や人物の場合には変化を見つけるのに 3 秒程度を要したのに対し，道具，家具，乗り物等の場合には 5 秒程度の時間を要した。

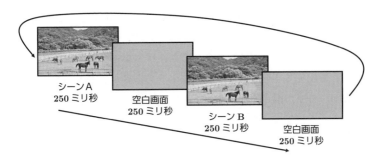

図 4.4　New らが行った変化盲実験の例。シーン A とシーン B は酷似しているが，画像の中の一部だけが変化している。どこが変化しているかわかるまで，シーン A とシーン B が交互に提示される。上の例ではシーン A の一番右にいる馬が消えている。

　Thorpe らの実験ではあらかじめ動物を見つけるように指示されていたが，New らの実験では特にそのような教示は与えられていない。「何か」が変化するので，それを見つけることが求められていたという状況である。New らはこのような実験結果から，私たちには特に生き物を見つけようとしなくても生き物を常時監視する能力が備わっており，これは狩猟採集民として生きてきた私たちの祖先たちの能力を受け継いでいるのだ，と主張している。

　Guerrero らは，変化盲とは別の実験課題を用いて，生き物を検出する能力の高さを示している (Guerrero & Calvillo, 2016)。私たちは何かに集中していると，ほかのことには気づきにくい。小学生になる筆者の娘は，集中して読書していると周りで何が起こっても全く気づく様子がない（最近は読書がゲームに変わりつつある）。そのような何かに集中した状況でも，生き物が現れたときには多少様相が異なるようである。Guerrero らが用いたのは注意の瞬き現象 (attentional blink) というものである。

　注意の瞬き現象について簡単に説明しておこう。実験参加者には 1 秒間に 10 枚程度の画像が次々に高速で提示される。これは顔の

検出でも登場した高速逐次視覚提示法 (RSVP) である。さらに注意の瞬きの実験では，画像系列の中から2つのターゲットを検出して報告するように求められる。たとえばさまざまな数字が次々に連続して出てくる途中に，ターゲットであるアルファベットとひらがなが一つずつ混ざっている。そのアルファベットとひらがなが何だったかを回答するのである。通常，このような課題を行うと，1つ目のターゲットは簡単に検出できる。しかし，1つ目のターゲットの少し後に出てきた2つ目のターゲットは非常にわかりづらくなる。原因についてはさまざまなモデルが提案されているが，1つ目のターゲットに対して認知的な処理資源を投資する必要があり，その間に別のターゲットを処理する余裕がなくなってしまうという考え方が広く受け入れられている。

このような注意の瞬き現象を用いて，Guerrero らは生き物に対する認知処理の特性を調べた。Guerrero らの実験では，さまざまなモノや動物の写真を準備して，15枚の画像を100ミリ秒間隔で次々に提示した。この中には赤枠で囲まれた画像が2枚含まれていて，実験参加者は，それらが何であったかを報告するように求められた（図 4.5）。実験の結果は，2番目のターゲットが動物の場合には，それ以外のものの場合に比べて，ターゲットの同定の成績が向上するというものであった。2つのターゲットの間隔が400ミリ秒のとき，動物以外だと30%程度の正答率だったのに対し，動物の場合には50%まで正答率が上がった。

少しマニアックな実験の紹介が続いてしまったが，このような実験室的な統制された実験をデザインすることが実験心理学の醍醐味でもある（その反面，実験室的になればなるほど現実世界からはかけ離れていくというジレンマも常につきまとうのだが）。New らの研究では，特に生き物を探そうとしていなくても生き物を見つけてしまうという常時監視の能力を示していたのに対し，Guerrero ら

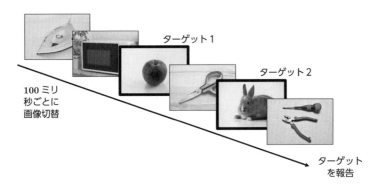

ターゲット1

ターゲット2

100ミリ
秒ごとに
画像切替

ターゲット
を報告

図4.5 Guerreroらの実験の手続き。画像が高速で切り替わり，その中に提示されるターゲット（図では太枠で示してある。実験では赤枠で提示された）が何だったかを報告するように求められた。この例ではターゲットとして「りんご」と「うさぎ」と報告すれば正解である。

の研究は，そのような監視能力が同時に行っている他の作業の影響を受けにくいものであることを示している。このような生き物（の写真）を使った一連の研究をまとめてみると，生き物を見つけるということが，私たちにとって特別なことであるように思えるだろう。まずは生き物を探そうとして素早く見つける能力，次に生き物を見つけようとしていなくても常時監視して現れたら見つけてしまう能力，そして別のことに集中していて余裕が無いような状況でも生き物を見つけてしまう能力，こういった生き物に対する優先的な認知能力が私たちには備わっている。

4.1.2 生き物を覚える

　生き物を優先的に探し出したり，見つけたり，常に生き物に対するセンサーを張り巡らせたりしておくことは，少なくとも狩猟採集民の時代には，その場その場で生き残るために必要な能力だったに違いない。それに加えて，ある生き物にいつどこで出会ったとか，

あの生き物は危険だったとか栄養に富んでいたとか，生き物に関する記憶を留めておくこともまた危険をあらかじめ回避して生きるための食料を得るうえで強力な武器となる。そして実際に記憶についての近年の認知心理学の研究から，私たちは生き物に関することについてより良く記憶できるということが示されているのである。

「記憶のアニマシー効果」とも呼ばれる一連の研究を簡単に紹介しよう。Nairne らは，Rubin らが 1980 年代に行った記憶についての研究 (Rubin & Friendly, 1986) を「生き物」という視点から捉え直して再解析したところ，生き物に関する単語についての記憶成績が生き物以外の単語よりも優れていることを発見し，「記憶のアニマシー効果」として検証実験を実施した (Nairne et al., 2013)。Nairne らは生き物に関連する単語（赤ちゃん，蜂，アヒルなど）とそうでない単語（人形，太鼓，帽子など）を 12 単語ずつ，合計24 単語をランダムな順番で次々に実験参加者に提示し，覚えるように求めた。その後，覚えた単語をできるだけたくさん思い出して書き出してもらった。その結果，生き物に関する単語の正再生率（正しく書き出された割合）が 65％程度であったのに対し，生き物とは無関係の単語については 55％弱程度の正再生率にとどまった。わずか 10％程度の差は小さく思えるかもしれないが，このような単純な記憶課題において 10％という正再生率の違いは，非常に大きな効果である。

その後，さまざまな方法で記憶のアニマシー効果の検証が行われ，どの研究でもやはり生き物に関連するアイテムは覚えられやすいという結果が報告されている (Nairne et al., 2013, 2017; Nairne & Pandeirada, 2016; VanArsdall et al., 2013)。VanArsdall らは，現実には存在しない非単語の綴り（「FRAV」「JOTE」など）に対して，それがどのようなものか説明する文章を次々に提示した。たとえば「FRAV は丸い形をしている」とか，「JOTE は神を信じて

いる」といった具合である。こうすることで，その場で初めて見る綴りではあるが，あるものは生き物としての意味が与えられ，また別のものは無生物としての意味が与えられる。そして実験の参加者はそれらの新奇な綴りの意味を学習する。そのあとで，再びさまざまな非単語綴りを提示し，それらについて，すでに見たものか，そうでないかを回答させるという記憶再認課題を行った。その結果，生き物としての説明が与えられた非単語の正再認率は55％強と，生き物ではないものの50％強を5％程度上回っていた。現実には存在しない非単語について，その場で生き物としての意味を与えただけで，覚えられやすくなってしまうようである。

以上の研究は「単語」に対する記憶を調べたものだが，生き物の画像に対するアニマシー効果の研究も行われている (Bonin et al., 2014)。Bonin らは，まず56枚の写真を次々に実験参加者に提示した。半数は生き物で，半数は生き物以外の写真である。実験参加者は，その写真が生き物かそうでないか判断することを求められたが，この時点では，記憶のテストであることは知らされていなかった（このような手続きは偶発記憶課題と呼ばれる）。その後，数分の時間をおいて，出てきたものを自由に書き出すように実験参加者に求めた。実験の結果，正再生率は生き物については平均6.6個，生き物以外については平均3.7個であった。それぞれ28個のものが提示されているので思い出した数はそれほど多いとは言えないが，後から記憶課題が行われることを知らずに実験を行っていたことを考えれば妥当な数字である。そして特筆すべきは，生き物が生き物以外に比べて，2倍近く再生されたことである。

経験したことや目にしたものの中でも，どうやら生き物や生き物に関すること，生き物という意味が与えられた対象は記憶に残りやすいらしい。Nairne らはこのような記憶システムの特性を適応的記憶と呼び，生き物と共に生きてきた私たち人類の進化の結果であ

ると主張している。これも狩猟採集民の時代から生き物が私たちにとって価値の高い存在だったことの痕跡なのかもしれない。

記憶のアニマシー効果についての研究は 2010 年代から急速に増えており，今後その詳細なメカニズムが解き明かされていくことだろう。

4.1.3　バイオロジカルモーション

生き物を見つける，探す，そして覚える。これまで紹介した研究では，本物の生き物の見た目，姿かたちを持った対象（端的にいえば生き物の写真）についての特別な認知能力を示したものである。ところが生活環境の中で生き物と対峙する状況では，必ずしも鮮明な生き物の姿が見えるわけではない。薄暗い森の中で，獲物を探す。視界のどこかに，ふと動くものが見える。獲物なのか，危険な敵なのか，仲間なのか，瞬時に見極める必要もあっただろう。

姿かたちが本物の生き物とは似ても似つかないような極めて限られた情報だったとしても，私たちは生き物の姿を鮮明に知覚できるということがわかっている。この特殊な知覚は「バイオロジカルモーション（生態学的運動）知覚」と名付けられ，20 世紀後半から現在に至るまで認知心理学や知覚心理学の分野で研究が進められている。ここでのポイントは，動きの情報である。本章の主題であるアニマシー知覚の話に入る前に，バイオロジカルモーション知覚について紹介しよう。

図 4.6 にはいくつかの点が描かれている。これだけ見ても，何が描かれているのかを認識するのは困難である。実際は人間のいくつかの関節の位置を点で描いたものである。しかし顔や体の見た目のような情報は削ぎ落とされていて，残されたのは点だけである。顔パレイドリアでは 3 点がうまく配置されていれば顔が見えたが，人間全体の場合は点だけで認識するのは難しい。

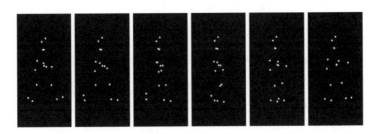

図 4.6　バイオロジカルモーションの例。歩く人物の複数の関節を点で示したものである。静止画だと何が描かれているか瞬時にはわからないが，パラパラ漫画のようなアニメーションを見ると人が歩いている姿が鮮明に知覚できる。Takahashi らを改変 (Takahashi, Fukuda, et al., 2011)。

　ところがこれらの点が動き出すと，途端に生き物の姿を鮮明に認識できるようになる。1973 年，Johansson は歩行する人間の身体部位のうち 10 数カ所を点で表すだけで，それらの点の動きにより，人間の歩く姿が鮮明に知覚されることを報告した (Johansson, 1973)。

　Johansson の報告以降，知覚心理学の分野を中心にバイオロジカルモーションを使った膨大な数の研究が行われている。そこでは，わずか 10 数個の点の動きによって，飛び跳ねている，歩いている，走っているといった動作の種類，動作している人の性別，あるいは感情や気分，そういった微細な情報まで読み取られることがわかっている。

　一説によれば，生後間もない赤ちゃん（実験では生後 2 日前後！）さえも，バイオロジカルモーションを検出する能力が備わっているという報告もある (Simion et al., 2008)。ヨーク大学のTroje らが作成しているデモサイトでは，バイオロジカルモーション知覚を体験することができる[24]。歩行者の性別，体重，感情などを操作することも可能なので，ぜひ試してみてほしい。自分自身の知覚能力に驚くに違いない。

実際に体験すればわかることだが，バイオロジカルモーション知覚は，動く点を見て，それが何なのかを頭を使って考えて，推測するというものではない。まさに生き物の形が「見える」のである。この意味では，主観的な経験としては3つの点が顔に見えるパレイドリアに近いものだといえる。

　バイオロジカルモーションの知覚メカニズムや脳の情報処理機構については今なお研究が進められているところであるが，本書では第1章で触れた知覚の構造との関連について触れておきたい。認識や知覚のゴールは，目に入った情報を直接的に捉えることではなく，それを生み出すような世界の構造を捉えることにある。複数の点が動いている姿を目にしたとき，バラバラに動く複数の物体がその視覚情報を生み出していると解釈することもできるし，そうではなくある一つの動く物体の一部が見えているのだと解釈することもできるだろう。どの解釈が正しいのかと問うことは無意味であり，考えるべきはどの解釈が「最もありそうなのか」ということである。だとすれば，複数の点の協調的な動きがたまたまバラバラに生み出されたとするよりも，その背後に，直接見えているわけではないが，それらを生み出した共通原因を想定することの方が合理的だと考えることもできる。少し話が飛躍するかもしれないが，このようなモノの見方は，ランダムなものにパターンを読み取ってしまうクラスター錯覚や，関係ないものの相関を読み取ってしまう錯誤相関のような認知バイアスとも類似している。

　視覚情報として動きが与えられたときに，視覚情報として直接は与えられていない原因，つまり生き物の動きを想定して，それを文

24)　https://www.biomotionlab.ca/html5-bml-walker/

図 4.7　2 体の BigDog（画像は Wikipedia「ビッグドッグ」より）。

字どおり「見る」。バイオロジカルモーション知覚には，やはり意味を過剰に見出そうとする私たちの認知の性質が反映されているのかもしれない。

4.2　アニマシー知覚とは

　前節では生き物に対する特殊な知覚，認知，認識を紹介してきた。いよいよ本題のアニマシー知覚に話を進めよう。

　2005 年，Boston Dynamics 社というアメリカのロボット開発会社[25]が「BigDog」と呼ばれる 4 足歩行のロボットを発表した（図4.7）。ロボットの動きを収録した動画[26]が YouTube に公開され，大きな話題となったように記憶している。動画を見ればわかるが，顔もない黒っぽい 4 本足のロボットが機械音を唸らせながらテン

25）　Boston Dynamics 社の設立は 1992 年で，その後 2013 年には Google社に，2017 年にはソフトバンクグループに，さらに 2021 年には現代自動車グループに買収され，現在に至っている。

ポよく足を動かし，林の中を進んでいく。ふと場面が切り替わり，ロボットは人間に蹴られる。一瞬よろめくものの，必死で体勢を立て直し，なんとか倒れずに踏みとどまる。次のシーンではスケートリンクのように凍った地面の上を歩いている。当然，足は滑り，バランスを崩し倒れそうになるが，倒れない。そこには，立ち続けることや進み続けることへの強い意志，言い換えれば「強烈な生き物らしさ」が凝縮されているように感じる。

BigDog の動画から筆者が受けた衝撃は計り知れず，今でもこの言葉にできない強烈な生き物らしさに魅せられ続けている。本書で紹介するような研究を行うことになったきっかけのひとつが Big-Dog にあるのは間違いない。このとき感じた感覚，強烈に生きていると感じてしまう感覚について知りたくて，筆者自身の主要な研究テーマのひとつにもなっている。

ところで BigDog は本来，生き物ではない。当然，心のようなものは存在しないし，自我もない。BigDog 自身が何らかの意図や意志を持って動いているわけでもない。そのことを頭では理解していても，やはり BigDog の映像を見れば，生き物らしさを感じずにはいられない。このような感覚，つまり「生きている！」「生き物である！」という感覚が生まれてしまうような知覚現象を，心理学の用語でアニマシー知覚（animacy perception, 日本語に訳すとすれば「生物性知覚」）と呼ぶ。

本章ではアニマシー知覚に関するさまざまな研究に触れながら，

---

26) https://www.youtube.com/watch?v=cNZPRsrwumQ
現在でも視聴可能なので，見たことがない読者はぜひ見てほしい。2023 年現在までに 890 万回以上の再生数である（そのうち 100 回くらいは筆者によるものかもしれない）。

私たちの不思議な知覚過程についての考察を深めていくが，まずはその前にアニマシー知覚という現象についての基本を抑えておこう。

第一に，アニマシー知覚は特定の対象に対して生まれる感覚を指す。視覚的（まれに聴覚やその他の感覚モダリティについても使われることがある）に受け取った何らかの信号・情報から，ある対象に対して「生きている（ようだ）」という感覚，あるいはそれに近いものとして，たとえば「意志がある（ようだ）」などの感覚が生じるというものである。知覚現象なので，「生き物が近くにいるのかも……」というような対象のない状況における幻覚や信念といったものは，今のところアニマシー知覚として扱われてはいない。したがって，3.5 節で紹介した「何かが自分の横を通り過ぎる」という過ぎ去り幻覚などは，生き物がいるようだという感覚は生まれるが，アニマシー知覚とは呼ばれない。

第二に，アニマシー知覚は高次認知に属するものでありながら，自動的に生まれる感覚でもある (Scholl & Tremoulet, 2000)。何かが「生きている（ようだ）」という感覚は，何かが丸いとか赤いといった低次視覚属性の知覚よりも高次の認知処理が関わるものだろう。しかし一方で，それは意識的な推論や熟考を経て初めて生まれるようなものではなく，むしろ何かを見た瞬間，無意識のうちに，自動的に生まれる感覚でもある。刺激駆動型でボトムアップに生まれる感覚であるといえる。これが，アニマシー知覚が「知覚」と呼ばれる所以でもある。したがって「生きているようだ」と感じているとしても，なぜ自分がそのように感じているのか，必ずしも明らかではないような状況もありうる。

第三に，認知心理学の分野でアニマシー知覚と呼ぶ場合には，対象は明らかにリアルな生き物ではなく，そしてそのことを観察者もよく理解しているという状況が大半である。たとえば，ただの点や

幾何学的な図形に対して「生きているようだ」と感じてしまうような状況が典型的なアニマシー知覚である。本物の生き物を見て「生きている」と感じることをアニマシー知覚と呼ぶことはむしろ稀である。生き物ではないとわかりきっているのに避けがたく生き物のようだと感じてしまう現象をもってアニマシー知覚ということが多い。この点は，顔ではないと明らかにわかっているのに顔が見えてしまうパレイドリアとも共通している。

　第四に，アニマシー知覚では，対象の「動き」に対して生き物のようだと感じる現象が大半である。事実，本章で紹介するアニマシー知覚の研究のほとんどは，さまざまな動きに対して感じる生き物らしさについて調べたものである。（アニマシー知覚ではないが）バイオロジカルモーションでは動きによって生き物が鮮明に知覚される。BigDog の場合にも，動くことで力強い生命感が溢れ出てくる。定義として，アニマシー知覚が必ずしも動きに対して生じる感覚だけに限定されるわけではないが，生き物ではないものに対して生きているようだと感じるためには，その動きの情報がもたらす影響が大きいと考えられる。

　第五に，アニマシー知覚における「生きている（ようだ）」という感覚の中身にはさまざまなものが含まれている。何らかの対象について単に生き物か否かを判断するというだけのものではない。むしろ第三の点を考えれば，本当は生き物ではないとわかっているのであり，生き物なのか，生き物ではないのか，というカテゴリカルな判断ではアニマシー知覚の本質は捉えられない。「生き物である」「生きている」「意図を持っている」「意志を持っている」「エージェンシーを持っている（主体的に何かをやっている）」というような，生き物が備えていそうなさまざまな性質について湧き上がる感覚，そのようなさまざまなものがひっくるめられてアニマシー知覚という概念に凝縮されている。本章ではこの点に注目し，アニマシー知

覚を「社会性」，「主体性」，「動物性」というレベルに分解して考察することを試みる[27]。

　以上，認知心理学や認知科学で用いられるアニマシー知覚の基本的な概念を説明した。アニマシー知覚では，視覚情報の背後に生き物らしさや意図，意志，エージェンシーを読み取ってしまう。次の節で紹介するように，ただの幾何学的な図形に対してでさえも，一定の条件が満たされればアニマシー知覚が生じる。点や丸の動きに「生き物」を感じ取ってしまう。ただしアニマシー知覚の概念や定義には曖昧な部分も大きい。本書の特徴づけはあくまで筆者によるものであり，多くの研究者の同意は得られるとは思うものの，研究者によっては異なる特徴づけを考えているかもしれない。

　再び第1章で触れた知覚の構造との関係を考えると，アニマシー知覚では，ある視覚情報（特に運動情報）を生み出した原因として生物性を仮定していると理解することができる。目に入ってくる情報はいつだって，私たちの周囲の世界についての部分的な情報，表面的な情報でしかない。その背後には，そのモノやモノの動きを生み出す構造があるが，3次元構造を直接捉えることができないのと同じく，あらゆる構造は直接的に捉えることはできない。アニマシー知覚では，その直接は捉えられない構造として，生き物らしさを見出し，そして過剰に意味を創り出している。このような知覚の構造を考えれば，アニマシー知覚を異常な知覚だとか，取り立てて特殊なものだとか考える必要はないのであり，与えられた感覚情報とそれを生み出す構造の関係，この枠組みの上でアニマシー知覚について議論することができる。

27）　この分類は筆者が勝手につくって使っているものである。筆者の知る限りでは，アニマシー知覚において生まれる感覚の中身を分類するということ自体が，これまでほとんど議論されていない。

4.3 社会性のアニマシー

4.3.1 さまざまなタイプのアニマシー

私たちは生き物に対してさまざまなタイプの「生き物っぽさ」を感じとる（図 4.8）。

虫や魚のような生命感あふれる生き物を見たとき，触ったときに感じる生々しい「生きている！」の感覚もある。ゴールへ向かって疾走する競走馬や，一目散に自分に向かってくる飼い犬に感じるような力強い意志や意図も生き物らしさのひとつである。追いかけっこ遊びをしている，肌寄せ合い毛づくろいしている，あるいは猿団子になっているニホンザルを観察したときにその相互行為から感じるような社会的関係，これもまたひとつの生き物らしさの表れである。

図 4.8 生き物から感じるさまざまなタイプの「生き物っぽさ」。

このように生き物に感じる「生き物っぽさ」は，単に丸と四角を分けるように，生きているか生きていないかをカテゴリカルに分けるようなものではなく，「生き物っぽい」という言葉が示す感覚の中身，概念は幅広く曖昧である。

アニマシー知覚に関する認知心理学の研究でも事態は同様である。アニマシー知覚の研究では本物の生き物を使うわけではなく，見た目を極端に単純化した視覚オブジェクト（多くの場合，点や丸などの幾何学図形）をさまざまなパターンで動かして，私たちがどのような動きのパターンにアニマシーを感じるのかを調べる。生き物に対して抱く生き物っぽさがさまざまであるのに対応して，アニマシー知覚という感覚の中身もさまざまである。

そこで本節ではアニマシー知覚のなかで読み取られる，あるいは創り出される「社会性」という，一見最も複雑に見えるものから紹介しよう。やや細かい話なので，アニマシー知覚にそこまで興味がない読者は読み飛ばしてもらっても構わない。逆にアニマシー知覚の研究や実験手法を知りたい読者には，有益な情報が多く見つかるかもしれない。

4.3.2 Heider のアニメーション

話の発端は，20 世紀半ばからアメリカで活躍した心理学者 Fritz Heider とその学生であった Marianne Simmel による，アニマシー知覚研究の文脈の中でもおそらく最も有名な研究から始まる (Heider & Simmel, 1944)[28]。

Heider らは，2 分半程度の映像を実験参加者に見せて，その映像に関する質問に答えてもらうという単純な実験を行った。図 4.9

---

28) Heider と Simmel による 1944 年の論文は，2023 年現在で引用回数が 4000 回以上（Google Scholar による）となっており，その影響力の強さがよくわかる。

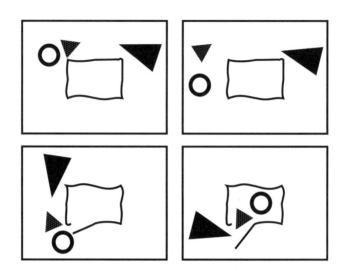

図 4.9　Heider らの研究で用いられた映像の例（いくつかのフレームを抜き出したもの。なお実際に実験で用いられた映像とは異なる）。

にその映像のシーンのイメージをいくつか示している[29]。映像の中では大きな三角形と小さな三角形，そして小さな丸の 3 つの物体が動き回っている。これらの 3 つの物体以外に，閉じたり開いたりするドアがある部屋のように見えるものもある。Heider らはこの映像を見せた後に「映像の中で何が起こったのかを書いてください」という質問をした。その結果，ほとんどの実験参加者は，幾何学図形を生き物として解釈して認識し，その場面で起こっていたことを記述した。幾何学図形はヒトとして認識されることが多かったが，鳥として認識されている場合もあった。さらに，幾何学図形

---

29)　Heider & Simmel のアニメーションの例は YouTube
　　などで多数公開されている。たとえば，
　　https://www.youtube.com/watch?v=VTNmLt7QX8E

に対して人格を与えて意図や意志を読み取り，その動きから生き物同士の社会的インタラクションを読み取っていた。たとえば「ある男性がある女性に会いたがっていたところ，その女性が別の男性と一緒にやってきた。それから二人の男性の喧嘩が始まり，女性は部屋の中に逃げ込んだ」といった回答がなされた。

次の実験では「大きな三角形はどのような人格か」「なぜ2つの三角形は争っていたのか」などの具体的な質問に回答するように実験参加者に求めた。その結果，読み取られた幾何学図形の性格にはかなりの一貫性がみられた。大きな三角形に対しては，90%以上の実験参加者が「攻撃的である」と回答し，小さな三角形に対しては50%近くが「勇敢だ」と回答した。小さな丸に対しては75%が「怖がり」というような回答をした。読み取られた社会的なインタラクションの姿も同様に，見る人によってバラバラというわけではなく，似通ったものだった。たとえば「なぜ小さな丸は部屋の中に入ったのか」という問いに対して，90%以上が「怖くて逃げた」という趣旨の回答をしている。

1944年にHeiderとSimmelの研究が発表されて以来，幾何学図形に人格を読み取り，その動きに社会的な役割を読み取り，状況やストーリーをも読み取ってしまうという現象は，さまざまな文化や地域，年代の人たちを対象にした実験で繰り返し報告され，またその要因が検討されている（龍輪, 2007）。たとえばBerryらは3〜5歳の未就学児に対してHeiderらが用いた映像を見せて感想を求めたところ，大人たちと同じようにやはり社会的な相互作用や擬人化された表現について話し出すことを示している (Berry & Springer, 1993)。

ところでデモンストレーションの動画を見ると一目瞭然なのだが，Heiderらの動画ではたしかにリアルな生き物は存在せず単純な図形のみが出現するものの，その動きは相当に作り込まれてい

て，背景情報として与えられる部屋やドアなどとも相まって，ある種の見立てを強く誘発するものとなっている。過剰に意味を創るという本書の趣旨からすれば，このような状況で社会的インタラクションという形での見立てが起こり，アニマシー知覚が生まれること自体が興味深い現象ではあるが，認知心理学の実験としては，やや複雑な状況を扱っていると言わざるを得ない。デモンストレーションとして非常に優れている一方で，どのような要因により見立てが起こってアニマシー知覚が生じるのかを検討するのが難しいのである。

　ここで紹介した Heider や次節で紹介する Michotte による 20 世紀半ばのアニマシー研究は，一見複雑で高等な認識のように思える社会性の認識が極めて単純な視覚入力から直接的に生まれることを示したという点で示唆に富むものである。しかし一方で，映像を見せて印象や感想を聞くという手法には限界もあり，認知心理学の研究手法としては主観に頼りすぎているという面もある。Heider の動画に類する実験刺激は，あたかもそう見えるように作り込まれている感がある。実験者の意図に敏感に反応するという実験参加者の要求特性を考えれば，参加者はこういった単純な図形に生き物らしさを感じてほしいという実験者の意図を推測して回答していたのではないか，という批判もあるだろう。

4.3.3　狼の群れに追われるヒツジ

　2000 年代以降，イェール大学の心理学者 Brian Scholl らは Wolfpack（狼の群れ）効果というアニマシー知覚現象を開発して，主観報告だけに頼るのではなく，アニマシー知覚が私たちの認知や行動にどのような影響を及ぼすのかという問題にアプローチしてきた (Gao et al., 2010; Scholl & Gao, 2013; van Buren et al., 2016; van Buren & Scholl, 2017)。少し長くなるが，本節では今後のア

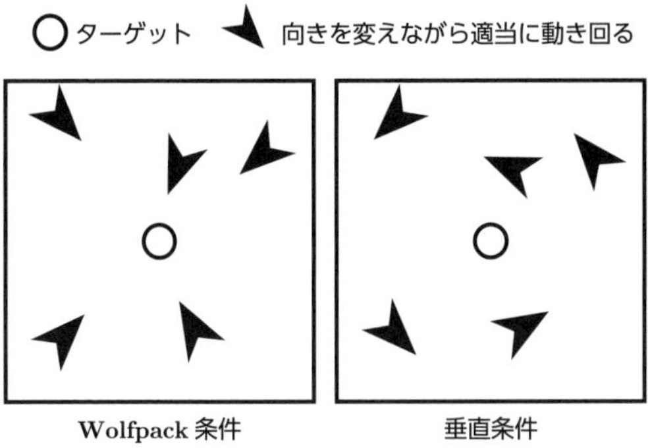

○ ターゲット　　◀ 向きを変えながら適当に動き回る

Wolfpack 条件　　　　　　　　　　**垂直条件**

図 4.10　Gao らによる Wolfpack 効果の模式的な図。

ニマシー知覚研究の中でも重要な位置を占めることになるであろう
Wolfpack 効果について説明していく（したがってこの節は本書の
中では比較的専門家向けの内容である）。なお本書ではアニメーシ
ョンを示すことができないので，Wolfpack 効果について文章で説
明するが，言葉で説明してもなかなか理解しがたいものである。興
味を持った読者はぜひデモンストレーションの動画を見てみてほし
い[30]。

　Wolfpack 効果とは図 4.10 のようなものである。画面上には複数
の，特定の向きをもつ物体たちが適当な場所にたくさん配置されて
いる。向きを示す手がかりは何でもいいが，ここでは矢羽のような
形状によってその物体の向きが表現されている。Wolfpack 効果で

---

30)　Scholl らが作成したデモ映像がインターネット上で公開されている。
http://perception.yale.edu/Brian/demos/Animacy-Wolfpack.html
「Animation S1.1: Basic Demonstration of the Wolf-
pack Effect」は Wolfpack 効果の最も単純な例である。
このデモ映像の中の緑のドット（ターゲット）は実際に
は実験参加者が動かす。

は，Heider の場合とは異なり，物体たちは画面上を適当に動き回る。だから動きの軌道そのものが特定の相互行為を想像させるわけではなく，動きの軌道だけでは社会性のアニマシー知覚は生まれない。ただし重要なルールとして，それらの物体はすべて，画面上に現れる別の物体（ターゲット）の方を向いている。位置を適当に変えつつ，常にあるモノを向くように動いているというわけである。このように，Wolfpack 効果の場合も動きからアニマシー知覚が生まれるが，重要なのは位置の動きではなく向きの動きである。

　Wolfpack 効果のアニメーションを見ると，画面上をランダムに動く物体たちが，ある一つの対象を認識して追いかけているという強い印象が生まれる。あたかも狼が群れをなして獲物を追いかけているかのような印象である。Gao らの研究では，Wolfpack 効果のデモンストレーションを初めて体験した人たちの印象として，「たくさんの白い矢が，緑のドットを追いかけている」「緑のドットがどこに行っても，三角形がついてくる」そして「三角形が私にぶつかろうとする」といったものが挙げられている。複数の物体が特定の方向を向きながら動くことで，追い追われるという社会的な関係が読み取られ，アニマシー知覚が生み出されているようである。

　その物体がただの図形であり生き物ではないとわかっていても，動き回る物体の向きと対象の位置という情報だけで，追いかけ，追いかけられるという社会的な印象が生まれてしまう。ここまでなら，単純な図形の動きから社会性のアニマシー知覚が生まれることを示した Heider らのデモンストレーションと話はそう変わらない。しかし Scholl らは Wolfpack 効果を使って，さらにアニマシー知覚が私たちの認知や行動に与える影響についても調べたのである。パレイドリアの場合にも，主観的に顔が見えるだけでなく，視線によって注意が誘導されたり，モノを見つけやすくなったりするといった認知や行動への影響があることがわかっている（2.5

節，2.6 節参照）。パレイドリアにしろアニマシー知覚にしろ，そう見えるだけなのか，その結果として行動までも変わるのか，という問題はとても重要なのである。

　ところで Heider の映像に対して何か（たとえば共感）を感じたとしても，どのような要因によってそのような感覚が生まれたのかはわからないということはすでに指摘した。Wolfpack 効果のアニメーションは，Heider らの映像とは異なり，特段何かの見立てを誘発するような仕掛けはない。それでも複数の物体が動き回る複雑なものなので，Wolfpack 効果がアニマシー知覚の影響だと主張することは簡単ではない。アニマシー知覚を媒介することなく，たとえば物体の動きという視覚情報そのものが直接的に行動を変えた，という主張も可能である。これはトリビアルでどうでもよい問題に聞こえるかもしれないが，心的過程の解明を目指す認知心理学にとっては避けて通れない問題である。

　Scholl らによる Woflpack 効果に関する一連の研究の素晴らしい点は，オリジナルの Wolfpack 条件と垂直 (perpendicular) 条件という，視覚情報としては極めて類似した 2 条件を比べることでアニマシー知覚の効果を取り出そうと試みたことである（図 4.10右）。この垂直条件では，すべての物体がターゲットに対して 90度逸れた向きをしている。それぞれの物体の外見や動きの性質など大部分の低次の視覚情報はオリジナルの Wolfpack 効果の場合と全く同じである。ところが，ターゲットを向いているかどうかというわずかな違いだけで，アニマシー知覚に関する様相は大きく変わるのである。やはり Gao らが実験参加者に印象を聞いたところ，垂直条件では「矢が適当に動いている」「V 字の図形が規則なく漂っている」「雪が吹き荒れている」といった回答があった (Gao et al., 2010)。そこには，追う，追われるといった関係性や，物体の意図が読み取られることはない。アニマシー知覚の印象は大きく異なる

が視覚情報の違いはわずかなので，Wolfpack 条件と垂直条件で認知や行動に違いが現れるならば，それはアニマシー知覚の影響であると考えてよいだろうという論理である。

　最初の実験では，追う，追われるという関係を見つけるという課題を行った (Gao et al., 2010)。たとえば画面上にたった2つの図形があるとする。一方はターゲットとして適当に動き回り，もう一方がターゲットからある程度の距離を保ちながら追従して動くとする。この状況なら，2つの図形の間にある追う，追われるという関係を容易に見つけることができる。しかし画面上に追う，追われるものとは無関係に適当に動き回るものがたくさんあると，どの物体がどの物体を追いかけているのかを見つけるのは，多少難しくなる。Gao らはこのような状況で，Wolfpack 効果により引き起こされるアニマシーについて検証した[31]。

　実際の実験では，適当に動くターゲット（羊），そのターゲットを追いかけて動く物体（狼），そして無関係に適当に動き回る4つの物体（妨害刺激）を用意した（例として，図 4.10 の5つの矢羽のうち，1つだけがターゲットを追従して動き，残りの4つは適当に動くということである）。これらの物体は矢羽型をしていて，見た目だけでは見分けがつかない。そして半数の試行では羊が存在していて，残り半数の試行では羊は画面上に出てこなかった。このような映像を 10 秒間提示し，実験参加者はアニメーションの中に羊がいたかどうか，つまり追う，追われるという関係をもった2つの物体の有無を判断した。

　追う，追われるという関係は，物体の相互の位置関係により定

31)　Scholl らのデモサイトの「The Search-For-Chasing Experiment」で実際の刺激映像を見ることができる。

義される。したがって実験の課題としては，物体同士の位置関係だけに注目して判断すればよいのである。しかしここでのポイントは，画面上に出てくる物体（矢羽）の向きである。Wolfpack条件では，すべての矢羽が常にある1点（緑の四角）を向いていた（図4.10左に相当）。垂直条件では見た目上，矢羽の向きはバラバラに見えていた（図4.10右に相当）。すると垂直条件での課題の正答率が72％程度であったのに対し，Wolfpack条件では62％まで正答率が低下したのである。矢羽の向きは課題には全く無関係なのに，である。

　この結果は次のように解釈できる。垂直条件ではすべての物体がバラバラの向きなので，社会性のアニマシーが生み出されることはない。この場合は，課題に必要な情報として位置関係のみに注目することで，位置が共変する2つの物体を検出することができる。しかしWolfpack条件では，それぞれの物体がすべてある一点を向いているという視覚情報から，なかば自動的に社会性のアニマシーが生み出されてしまう。するとそれぞれの物体は意図を持ったモノとして認識される。その意図とは，緑の四角を見つめておこうというものである。このような社会性のアニマシーが動きの原因として読み取られてしまうので，課題を行う上で必要とされる追う，追われるという関係を見つけることが困難になる。実際にデモを見ると，Wolfpack条件では緑の四角を向いた物体たちを無視しようとしても意図のようなものが湧き上がってくることが強く感じられ，課題を行う上で鬱陶しいくらい邪魔なことがよく理解できるだろう。

　次にGaoらは，アニマシー知覚が認識だけでなく行動にも影響することを示そうと，ターゲットを自分で動かして逃げ回るというユニークな実験を実施した。実験画面には実験参加者自身がマウスで操作できるターゲット（緑のディスク），ターゲットを追いか

図 4.11　自分を「向いた」他者たちに追われると，逃げるのが難しいのかもしれない。

けてくる狼（赤いディスク），そして適当に動き回る 10 個の矢羽が配置された。Wolfpack 条件では矢羽はすべてターゲットを向いている。垂直条件では，矢羽の向きは見かけ上バラバラである。実験参加者はターゲットが狼や矢羽にぶつからないように操作して 8 秒間逃げ回るように求められた（この実験のアイデアは本当に面白い！）。その結果，垂直条件では逃げ切れた確率が 75% 程度だったのに対し，Wolfpack 条件では驚くことにその確率は 55% 程度まで低下した。再び強調しておくが，両条件での違いは矢羽の向きだけであり，さらに矢羽の向きはこの実験の課題には全く関係ない。

　実験場面から少し離れて次のような場面を想像してみよう。あなたの周りにたくさんの機械仕掛けのボールがあって，コロコロと適当に動き回っている。あなたはボールにぶつからないまま，その場から逃れたい。ボールの動きにもよるが，それほど難しいことではない。ところがあなたの周りにいるものが，機械仕掛けのボールではなく，人間だったら。さらにその人間たちが，一斉にあなたの方を向きながら動き回っていたら（図 4.11）。想像するだけで恐ろしい状況だが，ぶつからずに逃げようと思ってもそれができなくなってしまう。仮に人間たちは適当に動いていたとしても，おそらくあ

なたは，周囲の人間たちが自分を見つめているということに対して自分と他者の間の社会的な関係を読み取ってしまい，行動が乱される。

Gaoらが示したのは，実際の人間相手ではなくても，画面の中のただの図形でも，このようなことが起こってしまうということである。ただアニマシー知覚が生まれるだけでなく，その結果として追う，追われるという関係を見つけにくくなるし，逃げ切るのも難しくなる。

4.3.4　なぜ社会性を読み取るのか

他人同士や自分と他人の間の社会的関係を正しく捉えることは，現代社会を生きる上で重要な能力である。このような社会性の認識には複雑で高度な推論を要するようにも思える。しかし本節で紹介した研究をまとめると，動きや向きといった単純な視覚情報に対して，ほぼ自動的に社会性を読み取ってしまうということがよくわかる。対象の外観が，本来社会性を持っているような生き物と似通っている必要もない。ただの点でも良いのである。つまり私たちには，過剰に社会性を認識してしまう傾向があるようにみえる。このような現象を，過剰に意味を創るという観点から考えてみよう。

Heiderらのデモンストレーションでは，複数の物体の動きに対して相互行為を連想し，関係性を見立て，社会の中で個性とでも呼ぶべきものを感じ取ることがわかった。すでに説明したように，Heiderらが用いたものは確かに幾何学図形ではあるが，その動きや向きは，実際の生き物であればそうするであろう（＝ありそうな）相互行為を想定して作られている。見ている私たちはその動きに込められた意味を読み解いているとも言えるかもしれない。ここで強調したいのは，見かけが全く生き物とは似つかないものであっても，その動きを見れば，「動いている」で終わるのではなく，「何

がその動きを生み出したか」を直ちに読み取ろうとしてしまうということである。そして最もありそうな原因として社会性を読み取ってしまうということである。そしてこの構造は驚くべきことに，第1章で議論した知覚の構造と同じ枠組みで理解することができる。目に映る2次元の網膜像から，そのような網膜像を生み出す最もありそうな3次元の構造を認識するという話と，動く図形に社会性のアニマシーを感じるという話の共通性をここに見つけることができるのである。

　Wolfpack効果の場合も話は似ている。Gaoらの実験では，物体の向きの中に，対象を定めて追いかけるという高度な社会性が読み取られる。私たちは何かを指し示すのに矢印を用いる。そして通常は，矢印を見たときに「矢印があっちを向いている」で，認識を止めることはない。その背後にある（誰かが何かを）「指し示す」という行為に目を向けて初めて矢印は意味をもつ。ところで自然の世界では，生き物以外に「指し示す」という意図的な行為が起こることはないから，矢印の背後には意図的な行為を行った生き物の痕跡を認めることができる。とすると，指し示すという動きを認識するということは，そこに複数の個体間の相互作用を読み取ることと，同等のことなのかもしれない。Wolfpack効果はこのような「向き」のもつ社会的なアニマシー，つまり私たちが「向き」を見て自動的かつ反射的に社会的な生き物らしさを感じ取ってしまうことを，見事な実験によって抽出したものなのである。

4.4　主体性のアニマシー

　私たちが過剰に意味を創る傾向を持っているとはいっても，なんでもかんでも生き物に見えるわけではない。点や線はそのまま見れば，ただの点や線にすぎない。動いていたとしても，それはただの点や線の動きである。たとえば線香花火が燃え尽きるとき，落ちる

火球にアニマシーは感じない。シャワーから出てくる水しぶきの動きに，いかなる社会性も感じない。では複数の物体が織りなす複雑な動きや向きの相互作用は，幾何学図形からアニマシー知覚が生まれるための必要条件なのだろうか。社会性のような相互行為が読み取られなければ，幾何学的図形にアニマシー知覚は生まれないのだろうか。本節では個々のオブジェクトの動きの主体性を手がかりにアニマシー知覚を考えてみよう。

4.4.1 因果性とアニマシー

Heider らの研究報告と時期を同じくして，ベルギーの心理学者 Albert Michotte は因果性知覚の文脈から興味深い報告を行っている (Michotte, 1963)[32]。実は Michotte の 1963 年の英訳書の中で「animacy」という単語は一度も出てこない。もともとの Michotte の狙いはアニマシー知覚の研究ではなく，直接的因果性知覚のメカニズムについて研究することにあったからだ（中村, 2006）。どの事象が原因となって別の事象が引き起こされたのか，目の前のモノゴトに何がどのような影響を与えているのか，といった因果の認識には，周囲の状況やイベントの把握，対象に対する知識など，複雑な推論が必要であるように思える。しかし Michotte は一連の実験を通して，必ずしも複雑な推論をともなわなくても，目の前の事象を見るだけで直接的に因果性を知覚，認識できる場合があることを主張した。Michotte は図 4.12 のような刺激のバリエーションを大量に作成し，対象同士のどのような関係が直接的因果性知覚を生み出すのかという点について詳細に検討しているが（中村, 2006），ここではアニマシー知覚の文脈から Michotte の研究の意義を考えてみたい。

Michotte は視覚刺激として 2 つないし 3 つの図形を配置し，そ

---

32) 原著は 1946 年にフランス語で出版されている。

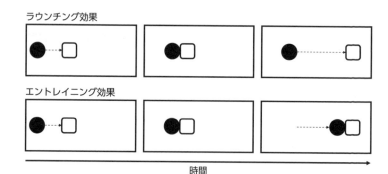

ラウンチング効果

エントレイニング効果

時間

図 4.12　Michotte の実験刺激の例。

れらを動かした。図形の動きは Heider らの複雑なものとは異なり，ただ同じ速さでまっすぐに進む等速直線運動がほとんどであった。通常はこのような図形の等速直線運動に対してアニマシー知覚は生まれない。しかし 2 つないし 3 つの物体が動くタイミングを操作することで，時に強力なアニマシー知覚が生じることがわかっている。

　ここで一例を示そう。図 4.12 の上の例は Launching（ラウンチング）効果と呼ばれるものである。一方の物体が動き，別のものに衝突する。すると動いていた物体は止まり，別のものが動き始める。動きそのものは等速直線運動であるが，一方が他方の運動を引き起こしたという因果性を私たちは瞬時に認識する。この単純な Launching 効果の場合には，物理学的な作用・反作用の法則により説明できるので，因果性は認識されても強いアニマシーは生じない。これに対し図 4.12 の下の例は Entraining（エントレイニング）効果と呼ばれるものである。一方の物体が動き，別のものに衝突する。ここまでは Launching 効果と同じだが，その後に動いていた物体は止まらず，2 つの物体が一緒に動き始める。やはり

同様にBの動きはAにより引き起こされたという因果性が認識されるが，同時に，AがBを「押している」「動かす」とか，BがAに「押されている」というような，物理学的法則を超えた2者間の関係性も読み取られるようになる。あるいは，押されるものが押すものに対して「ちょっと待って……」と言って抗おうとしているような気持ちが汲み取られるかもしれない。Launching 効果とEntraining 効果は，動きとしては極めて単純なものであり，両者の違いもごくわずかである。しかしそのような限られた情報の中でも，ほんの少しのきっかけで，私たちは社会性をともなうようなアニマシーを読み取ってしまうのである。

Michotte のデモンストレーションは Heider らの Wolfpack 効果に比べれば，ずっと単純なものである。それでもアニマシー知覚は2つ以上の物体から生まれている。確かに生き物は，他者とインタラクションする存在である。では他者とのインタラクションが形となって現れることが，幾何学的図形に対してアニマシー知覚が生まれるための必須の条件なのだろうか。次項で紹介するように，実はたったひとつの幾何学図形であっても，動きの性質によってはアニマシー知覚が生じる。しかしここで感じられる生き物らしさの中身は，複数の物体の相互作用に感じるような社会性のアニマシーとは少しばかり異なるものかもしれない。

4.4.2　向きと動きが意図を生み出す

ここで紹介するのは，Heider や Gao らのものよりも，さらにはMichotte のものよりも，ずっと単純な図形と視覚環境を用いたものである (Tremoulet & Feldman, 2000)。Tremoulet らは，黒色の画面上にたったひとつの小さな白いターゲット（ドットまたは細長の長方形）を配置した（図 4.13）。このターゲットは最初にある方向に一定の速度で直進運動を行い，それから運動の方向と速度を変

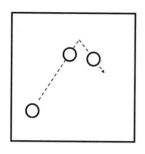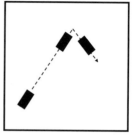

図 4.13　Tremoulet らの実験で使われた刺激の例。

えて別の方向に進み出すように設計されていた。実験の結果からわかったことは，第一に，動きの途中で速度が変化すると比較的強いアニマシー知覚が生じることである。特に興味深い点として，速度が早くなるとアニマシー知覚が強まるが，逆に速度が遅くなる場合には，アニマシー知覚は弱まったのである。第二に，運動方向の変化が大きいほど，アニマシー知覚が強まることも明らかになった。第三に，運動方向が変化する際に，運動方向に対応するようにターゲットの向きが変わると，さらにアニマシー知覚が強まることも示されている（図 4.13 右）。

　ところで，ここでのアニマシーとはいったい何なのだろうか。前節では複数の物体同士の相互作用から社会性に関連するようなアニマシーが生まれることを紹介した。一方，ここで紹介する一つの個体の動きから生まれるアニマシーは，動きを生み出す意志や意図を含意しているように思える。意志や意図の存在は，その物体が外的な力のみに動かされるモノかではなく，内的な力により動く主体的な何者かであることと表裏一体であるから，本書ではこれを「主体性のアニマシー」と呼ぼう。多個体間の社会性とは切り離された文脈においても，個体の動きから，その個体に内在する動きを生み出す力＝意図や意志を見出す。これもまたひとつのかたちのアニマシ

一知覚である。

アニマシー知覚研究の文脈では，意図とアニマシーは密接に関連付けて議論されることも多い。たとえば Gergely らの乳幼児を対象とした研究でも，幾何学図形が横に動きながらジャンプする際に，その図形の中に意図が見出されていると主張している (Gergely et al., 1995)。ただし後述するように，必ずしも意図と生物性が一致するわけではないから，事態は複雑である。また社会性のアニマシーと主体性のアニマシーの境界は必ずしも明確なものではない。たとえば Heider のデモンストレーションでも単一の物体に注目すれば，そこには主体性のアニマシーが現れることもあるだろう。

ここからの発展として次のような問いについて考えてみるのも面白いだろう。すなわち，主体性のアニマシーなしに社会性のアニマシーのみが現れる状況は存在するのだろうか。直感的に考えれば主体性を持った個体が相互作用することで社会性が生まれるようにも思えるが，社会性のアニマシーが自動的，反射的に生じることを踏まえれば，個々の物体の主体性が読み取れないような状況でも社会性のアニマシーのみが生じる，ということがあってもよいのかもしれない。今後の研究が待たれる。

4.4.3 動きのエネルギー源とアニマシー知覚

前項までで単一物体の動きから意図や意志をともなう主体性のアニマシーが生じることを紹介した。本節では動きのエネルギー源という観点から主体性のアニマシー知覚を読み解いてみよう。

物が動くためにはエネルギー（力）が必要である[33]。知覚心理学における運動知覚の研究では，ある対象を見たときに知覚される運動方向や運動速度が刺激条件によってどのように定まるかについ

---

33) もちろん厳密にいえば，速度が変化するためには力が必要，という意味である。

て厳密に調べられている。一方でアニマシー知覚の文脈で動きを理解するためには、動きを生じさせたエネルギーは何かという問題を考える。第1章の知覚の構造の枠組みで考えれば、動きという感覚情報入力（つまり網膜細胞の活動の時空間的なパターン）が与えられたときに、その入力の原因として外界の物体がどのように動いているのか推定することが運動知覚である。そして、その背後にある動きを生み出す原因を推定することがエネルギー源の推定という問題であり、この過程で主体性のアニマシー知覚が生まれる。

　では主体性のアニマシーが生まれるための条件とはなんだろうか。線香花火や水しぶきの動きにはアニマシーを感じないが、TremouletやGergelyの例では意図、あるいは主体性のアニマシーを感じてしまう。このような単一物体の動きに対して対象にアニマシーを感じるかどうかのひとつの重要な手がかりが、物理法則としてのニュートン力学からの見かけ上の逸脱であると考えられている。つきつめれば、私たちは物理世界の存在であり、生き物も含めてすべてのモノの動きはニュートン力学から逸脱してはいないわけだが、現実に目にする動きすべてに物理学的な解釈を与えることはできない。ある物体の動きに、いわゆる自然の力（重力、慣性、摩擦、遠心力など）では説明できない、目には見えないエネルギー源を仮定しないとならない状況がある。このような状況では、エネルギー源は超自然的な外的な力か、あるいは生き物がもつ内的な力である。自己駆動力 (self-propelled) とも呼ばれるこの内的な力を仮定したときに、私たちは主体性のアニマシーを感じてしまうようである (Tremoulet & Feldman, 2000)。

　以上の議論は当たり前のようにも感じるかもしれないが、立ち止まって考えてみると不思議な点がたくさんある。Michotteの例もTremouletやGergelyの例も、目にしているものは画面に映ったただの丸や四角であり、私たちはこのことに十分に自覚的である。

図 4.14 紙に描かれた 2 次元画像から，私たちは容易に立体的な 3 次元構造を見てしまう。もう一度，これらが紙に描かれたものだと自覚してみよう。それでも立体的に見ることをやめることはできない。

そして合理的に考えれば，画面に映ったものは生き物の内的な力を仮定しなくても動くのだ，ということを私たちは知っているし，経験もしている。にもかかわらず，動きに対して自動的，反射的に主体性のアニマシーを知覚してしまう。ここでのアニマシー知覚とは消去しがたい頑健なものであり，丸や四角であるといった見た目や，画面に映ったものであるという文脈を意識化してアニマシー知覚を意図的に抑え込もうとしても抑え込めるものではない。コンセントだとわかっているのに顔だと見えてしまうパレイドリアと似ていることはすでに気づいている読者も多いだろう。さらにいえば，紙に描かれた立体に見えるさまざまな図形（図 4.14）も，頭ではこれらは 2 次元の画像だとわかっているのに，どうしても立体的に感じてしまう。

　だからといって，内的な力を持つものすべてにアニマシーを知覚するわけでもない。たとえば自動車は発進し，加速し，方向転換する。この動き自体は Tremoulet の例と極めて似通っている。では私たちは「自動車にアニマシーを感じるだろうか」と言われれば，普通は「感じない」と答えるだろう。自動車の場合にはもちろんエンジンやハンドルによって動きが制御されることを私たちは知っている。つまりエネルギー源が空間的には自動車の内部にあった

としても，外的なエネルギー源を仮定できるから，アニマシーを感じなくてもよい[34]。同様の理屈で画面上の白い点にもアニマシーを感じなくてよいはずなのだが，そうはならない。これはなぜなのか。主体性のアニマシーとエネルギー源の話は，4.7 節で再び議論する。

4.5 動物性のアニマシー

　これまで紹介した社会性や主体性のアニマシーでは，その背後に個体間の相互の関係性や，個体の意図や意志といった，生き物のもつ性質の中でも比較的複雑なものを想定していた。筆者の見立てでは認知心理学におけるアニマシー知覚の研究には 20 世紀半ばの Heider や Michotte のデモンストレーションの影響が色濃く受け継がれており，ここから出発して社会性や意図を前提としたアニマシー知覚が主要な関心の対象となったのではないかと考えている。

　一方で私たちが生き物と触れ合うとき，そこに必ずしも社会性や主体性を読み取るとは限らない。たとえば飼い主とたわむれながらフライングディスクを追いかける犬や，空から舞い降りて水面の魚を捕獲する水鳥を見かけたときには，犬や水鳥の意図を容易に感じてしまうだろう。しかし釣り針にかかって陸に上がった魚，草むらから勢いよく跳ね上がるバッタ，そして床でカサカサと這い回る不気味な存在。このようなものたちに直面したとき，社会性はおろか主体性も認識できる状況ではないままに，何をしたいのか理解でき

---

34)　しかし自動車に絶対にアニマシーを感じないかというと，そうではないかもしれない。自動車の仕組みを知らない子どもたちには自動車に対して強いアニマシー知覚が生まれているかもしれないし（実際に，自動車や電車が意図を持っているものとして生き生きと活躍する子ども向けアニメがたくさんある），自動車をドライバーの身体の拡張とみなして，ドライバーと一体となった一つの個体としてみなせば，自動車の動きからアニマシー知覚が生まれることもあるかもしれない。

ないままに，「生き物だ」という鮮明な感覚を覚える。4.1 節で触れたように，私たちは生き物に対する高い感受性を持っていて，常に生き物の存在を監視する能力を持っている。そのためだろうか，「生き物だ」「生きている」「生命力にあふれている」といった強烈な感覚は，必ずしも明確な意図や意志の知覚がともなわなくても（あるいは，ただ「生きよう」という意志の知覚がともなって）理屈抜きに生まれるように思える。このようなタイプのアニマシー知覚は，社会性のアニマシーや主体性のアニマシーに比べて，もっとも原始的な形の生物性の感覚として位置づけることができる。本書ではこれを動物性のアニマシーと呼ぼう。

　本物の生き物が動き回る姿を見れば自然と動物性のアニマシーを感じる。しかし本書のテーマでもある意味を創るという枠組みの中では，そのような動物性のアニマシー知覚が，社会性や主体性のアニマシーと同じように，リアルな動物の外観なしに生まれるのか，ということが問題となる。そして結論からいえば，私たちはただの点の動きに対して，社会性や，意図や意志を前提としないような理屈抜きの動物性のアニマシーをたやすく感じ取ってしまうようである。まずは動物性のアニマシーを示す研究を紹介していこう。

4.5.1　重力とアニマシー

　動物性のアニマシーを考える上での一つのポイントは，どのような性質を持つ動きが生き物らしさを生み出すのかという問題である。すでに述べたように，多くの動物は，外的な力に逆らって自分自身で動くが，その外的な力の代表格が重力である。Szego らは重力に注目し，運動情報がアニマシー知覚に与える影響を調べた（Szego & Rutherford, 2008）。Szego らの実験では，ディスプレイ画面上に白い点（実験心理学者はこのような単純な刺激が心底好きである）が出てきて，上から下，または下から上に等速直線運動を

どちらの方が生き物らしさを感じますか？

70%　30%

図 4.15　Szego らの実験。私たちにとっては，上から下に動くものよりも，下から上に動くものの方が生き物らしく感じるらしい。

行う。そして観察者に，上から下に動く点と，下から上に動く点では，どちらの方が生きているように感じるかを尋ねた（図 4.15）。その結果，約 70%の確率で，上から下に向かって動く点よりも下から上に向かって動く点の方が生き物らしいと感じると回答された。しかしこの実験では，視野内の上下と重力軸の上下が一致しているため，視界の中を下から上に動くことが重要なのか，重力軸上で下から上に動くことが重要なのか，区別はできない。そこで Szego らはさらに実験を重ねた。次の実験では，先ほどと全く同じ実験刺激が提示されたが，今度はディスプレイが横向き（水平）に置かれ，実験参加者はその画面を上から覗き込むという形で実験を行った。つまり前の実験と同じように点は視野内を上下に動くが，今度は上向きの動きは重力に逆らっているわけではなく，自分から遠ざかるように動くだけである。すると今度は，上向きの動きに対して生きているように感じると答える割合は最初の実験に比べて減少した。

　非常に単純な実験ではあるが，示唆に富んだ結果である。視野内を動く白い点に対して，その運動方向が異なるだけで，異なる強さのアニマシー知覚が生じる。外観は全く動物ではないし，バイオロジカルモーションのような形状の認識もない。ただのディスプレイ

画面上に提示された点なのに，それでも生き物であると感じてしまう傾向が，私たちには確かにある。さらに，その動きが重力に逆らうものであるときに，特にアニマシー知覚が強く生じる。

なお Szego らはこのような知覚の特性から，アニマシー知覚が進化適応環境 (environment of evolutionary adaptedness：EEA) のひとつの産物であると解釈している。つまり地球上の重力環境に長く適応した進化の結果として，動きの性質から生き物らしさを検出するような認知機能が備わったと想定されているのである。視覚認知は視覚的に与えられた情報を処理するものだが，実はその過程には，私たちが生きる環境（環世界と言ってもよいかもしれない）の情報や構造がすでに埋め込まれていると考えることもできる。

ところで Szego らの実験では，2種類の点の動きに対して，どちらがより強く生き物らしさを感じるかを答えさせていたため（専門的には2肢強制選択課題，あるいは2AFC：two-alternative forced-choice と呼ばれる），あくまで相対的な評価である。比較すれば上向きの運動の方がアニマシー知覚が強く生じるということを意味するのであり，上向きに動く白い点にどの程度強くアニマシー知覚が生じていたかはわからないし，上向きに動けば何でも生き物に感じるわけではない（上の階に上がっていくエレベーターを見てアニマシーを感じるだろうか？）。

アニマシーには客観的な基準となるような物理的な量が存在しないので，アニマシー知覚の強さを定量的に評価することは難しい。たとえば物体の大きさであれば視角，明るさであれば輝度などは，客観的に定義できて物理的に計測できるため，大きさの知覚や明るさの知覚の中で物理的な量と主観的な量の比較が可能である。しかし大きさや明るさとは異なりアニマシーに相当する物理的な量は存在しないので，アニマシー知覚の場合には不可能である。それでも，単なる白い点の運動の方向が異なるだけで，そこに感じ取る生

き物らしさが規則的に変化するのだから，多かれ少なかれ単純な白い点の動きがアニマシー知覚を引き起こしていたのだと解釈できる。

4.5.2　ハエと落ち葉——外力からの逸脱とアニマシー

等速直線運動のような人工的なものではなく，自然でリアルな動物の動きを使ってアニマシー知覚を調べた研究もある。Schultz らはやはり黒い画面上で白い点が動くという状況を作成し，動きの性質とアニマシー知覚の関係を調べた (Schultz & Bülthoff, 2013a, 2019)。Schultz らの研究では，空中を舞うハエを模した動きと空中をただよう落ち葉を模した動きを作成し，それぞれ画面上に表示した（図 4.16）。この際に，動きの性質を数理的に解析し，100% ハエの動き，100% 落ち葉の動きだけでなく，モーフィングと呼ばれる技術を使ってハエと落ち葉の動きが混ざった動き，たとえば70% はハエで 30% は落ち葉のような動きも生成して表示した。そして次のように観察者に尋ねた。「窓の外を動くモノを見ていると想像してください。半分は生き物で，残り半分は生き物ではありません。どちらも白い点で描かれていますが，それぞれの動き方が違います。見ているモノが生き物なのか，生き物ではないのか判断してください」。実験の結果，ハエの動きを 100% 模した白い点は 8 割近くの確率で生き物と判断されたのに対し，落ち葉の動きを 100% 模した白い点は 3 割強の確率で生き物と判断されるにとどまった。そして，モーフィングされた動きに対しては，生き物か生き物でないかを判断する確率は，ハエと落ち葉の成分の強さに応じて決まっていた。

この実験では，視覚刺激はただの白い点であり，ハエ型のモノと落ち葉型のモノの間で動き以外の外観には違いはない。アニメーションも注意深く計算して作成されていて，動きの速さや加速度，位

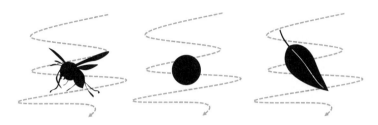

図 4.16　Schultz らの実験のイメージ。ハエも落ち葉も, 似たような軌道で揺れながら落ちていく。実験では外観はただの丸にして, 動きだけを提示した (真ん中)。これらの動きから, ハエか落ち葉か判断できるだろうか？

置などの統計的な性質にも大きな違いはない。それでもほんのわずかな動きの違いにより, ハエ型のモノに対しては「動きを生み出す力がモノの内部に存在していた」と感じ, その結果としてアニマシー知覚が生じていた[35]。一方で, 落ち葉型のモノに対しては「風や重力のような外的な力が働いたためにモノが動いていた」と感じ, アニマシー知覚は大幅に弱まったと解釈された。

　Szego らの研究では重力のみの単純化された状況だったが, Schultz らの状況では, 点の動きには, 空中にただよう物体に働く複雑な外力が含まれていた。そのような複雑な環境でも物理的な力, 自然な力からの逸脱として生き物らしさを鋭敏に感知できるように, 私たちは環境に適応し, アニマシー知覚の能力を獲得してきたのだろう。空からただよい落ちてくるものが生き物なのかそうでないのかを即座に判断することは, 確かに人類にとって重要そうである。さらに知覚の構造を考えてみると, 点の動きを生み出す内的な力（たとえば羽ばたき）も外的な力（たとえば風や重力）も, 直接的には目には見えない。私たちは動きそのものの情報から, その

---

35)　正確にいえば, この実験では生き物かそうでないかのカテゴリ判断を調べていることになるため, 動物性のアニマシーの強さを直接評価しているわけではないことに注意が必要である。

動きを生み出す力を直ちに，そして自動的に推論し，そこに外的なものを見出せないときには，動きを生み出す内的な力を仮定する。その結果としてアニマシー知覚が生じるということだろう。

4.5.3　意図と動物性のアニマシー

　生き物が動いている姿を見ると，この目の前の生き物はいったい何をしたいのだろうと想像し，疑問に思う。時には明らかな意図を感じることもある。先に紹介した魚のベタは，餌袋を振りながら呼びかけると水面に向かってダッシュする。そして餌をポトリと落とせば餌に向かってダッシュする。鉢の中には一匹しかいないので急ぐ必要はないのだが，とにかくダッシュする。生き物であると同時に，そこには明確な意志や意図があり，心があるようにも感じる。「餌が来たー」「どけどけ，食うでー」という声が聞こえてくるように感じる。一方で，餌の存在をかぎつけない限り，ただ目的もなくただよって動いているように見える。意図も意志も，あるのかもしれないが感じ取ることは難しい。それでも生き物らしさを感じずにはいられない。

　ここまでの議論を踏まえれば，前者は主体性のアニマシーに対応し，後者は動物性のアニマシーに対応する。すでに述べたようにアニマシー知覚と意図の知覚は重なる部分もあり，同じ概念にも思えるかもしれない。しかし4.4節で紹介した意図が関連するような主体性のアニマシーと，ここで触れている動物性のアニマシー知覚は必ずしも同じものではないようである。動きの性質によっては，アニマシー知覚と意図の知覚が異なるパターンを示すことがわかっているからである。

　ここで，動きに感じるアニマシーと意図，そして動きの予測可能性について調べた興味深い研究を紹介しよう (Fukai & Terada, 2013)。Fukai らはまず，本物の金魚の動きを記録し，水面を上か

ら見た際の金魚の動きについて，2次元座標の時系列データを収集した。さらにこのデータから自己回帰モデル（ARモデル）という手法により時系列モデルを作成した。要するに金魚っぽい動きを数式によりモデル化したということである。そして実験のために，時系列モデルから生成される動きを，点のアニメーションとして表示するという刺激動画を作成した。実際に動きを表示する際には，時系列モデルの速度と回転方向のばらつきを段階的に操作して，オリジナルの軌道以外に16種類の軌道を生成し，ひとつずつ表示した。実験参加者は刺激提示中に点の動きを指で追従し，刺激提示後に，その刺激に感じるアニマシーと意図の強さを評定した。動きを指で追従する課題の正確さから，点の軌道が実験参加者にとってどの程度予測しやすいものだったかという動きに対する予測可能性を評価した。

　実験の結果，回転方向のばらつきが大きいほど予測可能性が低くなることがわかった。さらにアニマシーの評価でも，回転方向のばらつきが大きいほど生き物らしさが強く評価された。つまりあっちに行ったりこっちに行ったりするターゲットは，追いかけるのが難しく，より生き物っぽく感じるということである。逆に意図の評価では，回転方向のばらつきが小さいほど強い意図を感じるということがわかった。つまり，金魚の動きを模したFukaiらの刺激では，予測可能性の低さは，アニマシー知覚を強め，逆に意図の知覚を弱めるという結果になった。意図と生き物らしさが逆相関するような関係にあったということである。

　筆者の仮説ではあるが，主体性のアニマシーと動物性のアニマシーは本来別物であり，おおよそ多くの状況ではこれらは共変（相関）するものの，Fukaiらの実験状況では主体性のアニマシー（意図）と動物性のアニマシー（生き物らしさ）の評価が別のものとして行われていたと考えることができるだろう。日常的なアニマシ

一知覚を考えてみても，たとえばベタが餌に向かってダッシュするような状況では，動きのふらつきは消え，一直線に餌に向かう。予測可能性は高まり，意図つまり主体性のアニマシーが強まる。一方で，魚本来の生々しい生き物らしさは低下する。逆に予測困難なほど激しく動き回っている状況ではその意図は読めず，逆に微細な動きに現れる魚本来の動物性がより強調される。次項でも紹介するようにランダムで微細な動きは意図や意志の知覚とは無関係に，生き物の生き物らしさを強める効果があることがわかっている。

　主体性のアニマシーで紹介した Michotte や Tremoulet や Gergely の例は，いずれも動き自体はなめらかなもので，ランダムな振動やふらつきはなかった。このような状況では主体性のアニマシーのみが評価されるため，意図とアニマシーの評価が共変する（動物性のアニマシーが表に出てこない状況）。しかし動きにゆらぎがあり，このゆらぎの性質が動物性のアニマシーの強さを左右するような場合には，意図とアニマシーで評価されるものが異なるのではないだろうか。だとすれば，これまでのアニマシー研究が，どのタイプのアニマシーを扱っていたのかをよく考える必要がある。

　あるときは合目的的に動くことを（主体性の）アニマシーと呼び，あるときは意図が読めないような動物的な生々しい動きを（動物性の）アニマシーと呼ぶ。しかしこれらはかなり異なる概念のように思える。このような概念の曖昧さはアニマシー知覚研究の弱みでもあり，逆に今後の研究の余地の大きさを示すという意味で面白いところでもある。さらに議論を重ねるために，ランダムな動きに対するアニマシーと意図の知覚についての筆者らの研究を紹介しよう。

4.5.4　ランダムな動きとアニマシー

　Szego らの研究では重力に逆らうという認識が適応的要因として

働き，動物性のアニマシーが生じていた。また Schultz らや Fukai らの研究では，ハエや金魚をモデル化した動きを使っていた。したがってその動きの軌道には，それが生き物であると認識するための生態学的に妥当な情報（リアルな環境や生き物から抽出した情報）が含まれていたと考えることができる。アニマシー知覚が生まれるには，そのような意味のある情報が必要なのだろうか。実はそうではない。まったくランダムな動きに対してでも，私たちは動物性のアニマシーを知覚するのである。

　筆者らは Szego らと同じように点の動きに対するアニマシー知覚を調べる実験を行った (Takahashi & Watanabe, 2015a, 2016)。しかし一直線の動きではない。画面上に 25 個程度の点を配置し，パーリンノイズ（Perlin noise）という確率的なゆらぎを用いて，それらの複数の点がランダムにバラバラと動くような実験刺激を作成した（図 4.17 左）。言葉で説明することは難しいが，大量の点が「ウニョウニョ」とか「ブルブルッ」「プルプルッ」と動くようなイメージである。そして実験参加者は点の動きを 3 秒間観察し，その中のあるひとつの点の動きに対して，どの程度生き物らしく感じるか，そして意図をどの程度強く感じるかを回答した。その結果，動きの激しさ，緩やかさという特徴によって，感じられるアニマシーの強さが異なることがわかった。素早く激しく動くような場合には強いアニマシーが生じ，緩やかにゆったりと動くような場合にはアニマシーは弱まった。一方で意図については，そのような動きの激しさの影響は見られなかった（ただし影響が見られた条件もあった）。

　ここで重要な点は 3 つある。第一に，筆者らが用いた動きには，Szego らの重力，Schultz や Fukai らの本物の動物のモデルといった生態学的な動きが全く含まれていない。ただランダムに動く点である。にもかかわらず，私たちはそのような動きを見て生き物らし

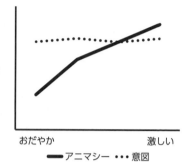

図 4.17　左は Takahashi ら (2015a, 2016) の刺激の例。画面上には複数の点が配置されている。それぞれの点はある規則に従って動く。このなかで，中央に矢印で示した点の動きを観察し，その生き物らしさなどを評価する。右は模式的な結果。動きが激しいほどアニマシー知覚は強まるが，意図の知覚には大きな影響はなかった。

いと感じる。つまり，リアルな外観をともなわない点の動きに感じるアニマシーは，本物の生き物の動きと必ずしも直接的に関連している必要はないということである。もちろんランダムな動きを見て虫や鳥を連想したということはあるだろうが，その連想は，見る側の私たちに委ねられている。ここに過剰に意味を創るという認知の性質が垣間見えてくる。認識の構造としては 1.4 節で紹介したランダムな配置にパターンを見つけてしまうクラスター錯覚に類似しているものであり，ランダムな動きにさえも生き物という意味を見出してしまう。

　第二に，動きの統計的性質がアニマシー知覚の強さに体系的な影響をもたらした点である。多少の個人差はあるものの，激しい動きからは強く，緩やかな動きからは弱いアニマシーが生じていた（図 4.17 右）。ランダムな動きがアニマシー知覚を喚起し，そのプロセスは見る側に委ねられているものの，完全に見る側の自由ではないということである。だから動きの軌道が何ら生態学的に妥当な情報

を含まないランダムに生成されたもの[36]でも，そのような動きの中の統計的な性質に生き物らしさのエッセンスを読み取る能力は現実の生き物の動きを反映したものだと考えることができる。2次元画像とそれを生み出す無限の3次元構造という関係と同じように，ノイズのランダムな動きを目にすれば，その動きの原因として，風でも波でも重力でも，あるいは生き物のもつ内的な力でも，あらゆるものが想定可能である。そして最もありそうな原因が知覚されるのだが，この「ありそうさ」を決める一因は，見る人のそれまでの経験からくる。私たちは環境を共有しているのだから，経験もある程度共有している。だから何を見るかは見る側に委ねられているものの，完全に見る側の自由ではないのである。

　ところでランダムな動きから意味を読み取るというこの能力は，人類に特有のものなのだろうか。実はそうではないかもしれない，ということが実験から示されている。なんとメダカも，1/fゆらぎと呼ばれる特定の統計的性質を持った動きに特殊な反応を示すことが知られている (Matsunaga & Watanabe, 2012)。Matsunagaらは，まずメダカの餌となるミジンコの動きを記録し，そのパターンを解析した。そしてミジンコの動きを模したさまざまな運動パターンを作成した。その後，メダカを入れた水槽の横にディスプレイを設置して，黒い画面に6つの白い点を表示した。これらの白い点を動かしたときのメダカの反応を調べようというものである。記録したミジンコの動きを提示したところ，メダカは白い点に対して高い頻度で捕食行動を示した。さらに注目すべきことに，数理的に生成したランダムな動きであっても，その動きが1/fゆらぎを含む場合には，やはりメダカは白い点に食いついたのである。メダカが

---

36) パーリンノイズによる動きのアニメーションは，統計的な意味ではリアルな生き物の動きと共通する性質（後述の 1/f ゆらぎ）を含んでいるため，生態学的に妥当な情報を含まないという主張は強すぎるかもしれない。

アニマシーを知覚していたかどうかはわからないが，そこに何らかの特別な価値を見出していたことは確かだろう。一方で私たち人間の場合でも，ランダムなパターンに感じるアニマシーは，そこに具体的な動物を明確にイメージするわけでも，考えに考えて生き物らしさを見出すわけでもなく，見た瞬間に生き物らしさが「グッとくる」と呼ぶにふさわしいものである。社会性，主体性のアニマシーとは異なり，その原因や理由を言葉にするのが難しい。まさに動物性のアニマシーを，動きの統計的情報から理屈抜きに創り出しているといえるのではないだろうか。

　そして第三の重要な点は，Fukai らの研究と同様に筆者らの実験でも意図とアニマシーの乖離が示されたことである。筆者らの実験では，ランダムな動きの激しさはアニマシーの強さを変化させたが，感じられる意図の強さへの影響はほとんど見られなかった。すでに述べたとおり，アニマシー知覚を扱った多くの研究では，意図と生き物らしさの共通性が認められてきた。しかし金魚の動きやランダムな動きから生まれるアニマシー，つまり動物性のアニマシーと意図や意志を生み出す主体性のアニマシーは，別物とみなしたほうが良さそうである。この問題についても，今後のアニマシー知覚に関する研究成果を期待したい。

> ### コラム　触覚で生まれるアニマシー
>
> 　本章では「見る」ということ，視覚によるアニマシー知覚を中心に紹介してきた。しかしアニマシー知覚が生じるのは，必ずしも視覚に限られるものではなく，動物的な生き物らしさの生々しい感覚は手の中，あるいは皮膚の中にも生まれるように思える。たとえば道端でバッタを見つけて手の中に捕獲する。バッタは驚き，手の中で暴れまわる。皮膚に伝わる振動から，躍動するバッタの生命力を感じ取る。あるいは釣り好きの人は，魚がかかった瞬間の，釣り竿を握ったその手に伝わる振動に，魚の生き物らしさを見出して味わっているに違いない。このような触覚の生き物らしさについて，なぜ，どのように生

き物らしいのかを言葉で表現することは難しい。理屈抜きに生き物らしいのである。

　ところでアニマシー知覚の特徴づけとして，認識の対象は明らかに生き物ではなく，そしてそのことを観察者もよく理解しているということを述べた。釣りの場合，手に持っているものはロッドという人工物であり，その先に魚が見えているわけでもない。ロッドの振動の原因として魚を想像し，そこに生き物らしさを読み込む。この状況は，幾何学的な図形の動きに生き物らしさを見出すアニマシー知覚に類似している。であるならば，触覚でも全く生き物ではない人工的な刺激に意味を読み込み，アニマシー知覚が生まれるかもしれない。

　そこで筆者らは触覚を刺激する装置を用いて，振動が生み出すアニマシー知覚について調べた (Takahashi, Mitsuhashi, et al., 2011; 高橋ら，2012)。実験には柔らかい素材でできた収縮する物体を用いた。これを指先や手首に取り付けて，いろいろな周期で振動させたところ，1 Hz（1 秒間に 1 周期の収縮）から 2 Hz 程度の周期で振動する場合にアニマシー知覚が極めて強く生じ，10 Hz を超えるよう場合には急峻に減衰することを発見した。

　次のような実験も行った。この触覚刺激には「TECHTILE toolkit」という装置を用いた。「TECHTILE toolkit」では，紙コップの底に振動する素子を接着し，観察者は紙コップを手に持つ。振動子に信号を出力すると，その波形に応じた振動が紙コップを通して観察者の手に伝わる。すると，観察者は何もない紙コップの中に，ビー玉が回っているとか，何かが落ちてきたというようなモノの動きを感じるのである。このような装置を使い，釣り竿の先に取り付けたセンサーから取得した釣り竿の加速度情報をもとに，釣り竿の振動を再現した。すると，やはり手に振動を与えるだけでアニマシー知覚が生まれ，手に持った空っぽの紙コップの中に魚がいる感覚を生々しく感じるというような報告もあった。さらに，オリジナルの釣り竿の波形に対していろいろな操作を加えたところ，64k Hz 未満のローパスフィルタをかけることでアニマシー知覚が強まることや，位相をランダムにすることでアニマシー知覚が弱まることがわかった。言い換えると，非常に素早い（虫の羽ばたきでも最大で 1 kHz 程度なので，64 kHz 以上の振動はとても生き物では生み出せないと考えられる）振動情報を取り除くことでアニマシーが強まり，また時系列情報がぐちゃぐちゃになるとアニマシーが弱まるということである。振動していれば何でもよ

いわけではない。アニマシーを感じるには，生き物らしさのエッセンスが詰まった振動が必要ということである。

これら2つの実験では全く別々の装置を使っていたので，皮膚に触れる部分の触感も全く異なる。触感の違いにより，アニマシー知覚を強く生み出す振動のパターンも異なるのかもしれない。触覚の振動に対して「どのような」生き物の存在を読み込もうとしているか，という予期や構えの問題も重要である。触覚アニマシーや触覚による感性認知の研究はまだまだわからないことだらけである。VR（ヴァーチャルリアリティ）を支える基盤技術としても，さらなる研究の進展を期待したい。

4.6　動きの同期によるアニマシーの消失

ここまで社会性，主体性，動物性のアニマシーという視点から，単純な刺激が生み出すさまざまな種類のアニマシー知覚の事例を眺めてきた。外観の生き物らしさとは無関係に，私たちには動きだけの情報からたやすく生き物らしさを感じ取ってしまう認知の傾向がありそうである。ところでこれまでは「どのようなものに対してアニマシーを感じるか」を強調しながら紹介してきた。本節では逆に，筆者らが発見したアニマシーが消失するという現象を紹介しよう。強力なアニマシー知覚が生じるはずの刺激なのにアニマシーを感じなくなってしまうというこの現象は，アニマシー知覚を超えて生き物になぜ生き物らしさを感じるのかということにヒントを与えてくれる。

4.5.4項で，筆者らが行ったランダムに動く複数の点の実験を紹介した (Takahashi & Watanabe, 2015a, 2016)。ランダムな点の動きの統計的性質がアニマシーと意図の知覚に対して異なる影響を与えるというものだったが，実はこの実験にはもう一つの目的があった。それは動きの同期の効果である。

「集団行動」というパフォーマンスを見たことがあるだろうか。

日本体育大学の「体育研究発表実演会」で毎年演じられるパフォーマンスで，そのクオリティの高さや練習の過酷さからテレビ番組で特集されたこともある。見たことがないという読者は，ぜひYouTube などで検索してみてほしい[37]。このパフォーマンスでは数十人からなる演者が指先からつま先まで同じように動く演技が売りになっている。言ってしまえばそれだけなのだが，その一糸乱れぬ動きは美しく圧倒的であり，感動すら覚える。と同時に，なんだか不気味である。演者ひとりひとりは紛れもなく人間なのだが，どうにも生気が欠けているように思えてしまう。つまり動きの同期がリアルな生き物のアニマシーを弱めているように，少なくとも筆者には見えたのである。

　「集団行動」を見て実験を思いついたのか，実験を行ってから「集団行動」を知ったのか，記憶は定かではないが，いずれにしろ筆者らの研究では，このような動きの同期がアニマシー知覚に与える影響を調べた（図 4.18）。ある条件では，ターゲットである真ん中の点のみがパーリンノイズにより生成された軌道に従ってランダムに動いていた。別の条件では，画面上に複数の点が，それぞれ異なる軌道でランダムに動いていた。そして重要なもう一つの条件では，画面上のいろいろな場所に配置された複数の点が，すべて同じ軌道で動いていた。このような映像を 3 秒間提示して，ターゲットである真ん中の動きにどの程度強い生き物らしさを感じるかを評価するという実験を行った。ターゲットとなる点の動きの統計的性質自体は，すべての条件で同じである。また実験の際は，ターゲットとなる 1 つのみに注目して印象を評価すること，ターゲット以

37) YouTube の【公式】TBS スポーツチャンネルでも映像が公開されている。
https://www.youtube.com/watch?v=ArPMrzvF1Qo

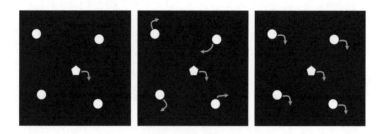

図 4.18　アニマシーの消失を確かめた実験刺激のイメージ。真ん中の点がターゲットで，このターゲットに感じるアニマシーの強さを答える実験である。一番左はターゲットのみが動く条件，真ん中はすべての点がバラバラの動きをする条件，そして一番右はすべての点が同じ動きをする条件であり，このとき，知覚されるアニマシーは大幅に低下する。

外の点は無視してよいことを明確に説明していた。

　この実験の結果，ターゲットと同じ軌道で周囲の点が動いていると，単一の点だけが動く場合や，すべての点がバラバラの軌道で動いている場合に比べて，感じられるアニマシーははるかに弱いものだったのである。その後の筆者らの研究では，同期して動く点がわずか数個あればアニマシー知覚が劇的に低下すること，ターゲットとそれ以外の点がたとえ同じ動きをしていたとしても，わずか0.1秒程度の時間差があればアニマシー知覚は低下しないこと，などがわかっている。

　もうひとつ興味深いことに，アニマシー知覚を弱めるのは動きの同期だけのようである。筆者らの実験では，動き以外の要素が同期する条件も試してみた。複数の点がバラバラの軌道で動くのだが，たとえばすべての点の大きさが同期して拡大縮小するとか，すべての点の明るさが同期して変化するといった具合である。ところが大きさや明るさがバラバラのタイミングで変化しようが，同期して変化しようが，感じられるアニマシーの強さは変わらない。アニマシーの強さに影響するのは，動きの同期だけなのである。

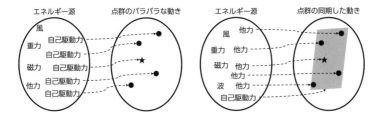

図 4.19　Takahashi らの実験の状況において，点群の動きにより生じるアニマシー知覚と同期によりアニマシー知覚が消失したことを説明している。★は評価する対象，●は無視してよい周辺の対象である。点群がバラバラに動いている場合には，すべての点に対して独立の自己駆動力がエネルギーとして仮定されるため，それぞれの点に対してアニマシー知覚が生じる。全体が同期すると，まとまり（背景の平行四辺形）には自己駆動力が仮定されることもあるだろうが，それぞれの点の動きには，まとまりに支配される物理的な外力（他力）が仮定されるため，アニマシー知覚は弱まる。

　アニマシー知覚を生み出すのは動きであり，またアニマシー知覚を弱めるのも動きの同期である。ではなぜ，同期して動く物体が周辺にあるだけで，アニマシー知覚が弱まるのだろうか。やはりそこには，知覚の構造の枠組みのもとで，動きを生み出す力をどう推定するかという問題が関わっているように思われる。

　単一の点がニュートン力学を破る軌道で動いている際，動きを生み出す自己駆動力がその点の内部に読み込まれる。空間的に点の内部に存在するかどうかはわからないが，とにかくその点と一対一に対応する何らかの力が，その点を動かしているように感じられる。それがアニマシー知覚を生み出す。複数の点がバラバラに動いていてもやはり話は同じで，それぞれの点の内部にそれぞれの点の動きを生み出す力が読み込まれる（図 4.19 左）。だからそれぞれの点に対して感じるアニマシーは，単一の点が動いているときと大きく変わらない。では，すべての点が同期して動いている場合はどうだろうか。その点の動きを生み出す力は，もはやその点の内部に存在して見えないかもしれない。むしろ複数の点の動きを支配する 1 つ

の大きな力が読み込まれるのではないだろうか（図 4.19 右）。そうすると，1 つの点に注目すれば，もはやそれは 1 つの生き物として認識できない。その点から，生き物らしさが消失してしまうわけである。

「集団行動」のパフォーマンスも同じ状況のように思える。個々の演者は人間であっても，その動きは個々の演者自体の自己駆動力が生み出すのではなく，パフォーマンス全体を支配する力が動きのエネルギー源として読み込まれる。そして個々の演者からは，生き物らしさが消える。人間が生き物らしくないわけだから，生気が欠けていて，不気味に見えてしまう。

私たちに見えるものは動きである。この動きが何によって生まれたのかを，私たちは直接認識することはできない。単一の物体だけが動いているならば，単一の物体の内部にそのエネルギー源があることを仮定する。ところが同じように動く複数の物体を見れば，個々の物体の中にエネルギー源は仮定できず，むしろその背後に 1 つのエネルギー源を仮定する。ここにも，与えられた情報からだけではエネルギー源を決定できないという認識の不良設定性が関わっているように思える。

4.7　アニマシー知覚を読み解く

本章では生き物に対する特別な認知から始まり，ただの点や丸の動きに生き物らしさを感じてしまうアニマシー知覚について紹介した。私たちはこのようなアニマシー知覚を鮮明に経験することができるし，そこで生まれるアニマシーの強弱も容易に判断できる。しかしアニマシーは物理的な量として表現することができず，そのために概念が曖昧であり，アニマシーといってもさまざまなタイプの生き物らしさが交錯していることはすでに指摘したとおりである。そこで本書では社会性，主体性，動物性の三段階のアニマシーを用

いて概念の整理を試みた。モノの間の複雑な関係まで読み込む「社会性のアニマシー」，モノに内在する意図や意志を読み込む「主体性のアニマシー」，そしてそのような意図や意志を前提としないような原始的な感覚として「動物性のアニマシー」という分類を提案した。この概念の整理の仕方がどこまで妥当なものかはわからないが，今後のアニマシー研究を進めていくために有用な整理だと思いたい。

　ここで，本書のテーマである意味を創るという枠組み，そして第1章で紹介した知覚の構造を踏まえて，アニマシー知覚を読み解いてみよう。とはいっても，アニマシー知覚は未だ謎の多い現象であり，理論的説明も未熟なものである。今後の研究のネタになれば，という程度で気軽に読み進めていただきたい。

4.7.1　知覚の構造とアニマシー知覚

　すでに繰り返し説明しているが，アニマシー知覚を第1章の知覚の構造の枠組みで考えれば，入力として与えられた（主に）動きという情報から，その動きを生み出す原因の推定を行っているとみなすことができる。この点では，与えられた2次元網膜像から，その網膜像を生み出した3次元構造を推定するという過程とアナロジカルである。ところがアニマシー知覚の場合は，そこで原因と仮定されるものがずっと複雑である。この複雑さは3次元構造が複雑な形状をしているといった意味での複雑さとは別の種類のものである。生き物らしさには具体的な形がないのである。だから3次元から2次元のような具体的な順光学モデルを考えることが困難である。

　アニマシー知覚の中で，私たちはいったい何を見ているのだろうか。アニマシー知覚の出発点は，リアルな生き物の背後に感じる生き物らしさである。ではリアルな生き物の背後の生き物らしさとは

何だろうか。生き物を見て生き物らしさを感じるという当たり前のことも，不思議に思えてくるのである。

　これまでの話と重なる部分もあるが，おさらいしよう。知覚の枠組みから考えれば，生き物らしさはエネルギー（力）と動きの対応付けから生まれるものと理解できる。ある動きが与えられたときに，動きの原因の推定が行われる。厳密に状況が設定されればエネルギーから動きへの変換は順問題だが，動きからエネルギーの推定は逆問題で，かつ不良設定問題である。同じ2次元網膜像を生み出す3次元構造が無数にあるのと同じように，与えられた動きを生み出すエネルギーは無数にあるかもしれない。たとえば，重力や摩擦，その他もろもろのニュートン的な物理学的な力，超自然的な力，そして生き物の自己駆動力。そして，自己駆動力が最もありそうなエネルギー源であるとき，私たちは生き物を生き物らしいと感じるのだろう。

　ところでそもそも「らしさ」とはなんだろうか。リンゴを見て，普通はそのリンゴのリンゴらしさを感じ取ることはない。単にリンゴかそうでないかをカテゴリカルに分類する。しかしアニマシー知覚の中で起こっていることは，それが生き物か生き物ではないかというカテゴリカルな分類ではないように思える。それでも，典型的（平均的）なリンゴをリンゴらしいとみなすような，そして変な形のリンゴをリンゴらしくないとみなすような，典型性による「らしさ」の定義はできるかもしれない。では典型的な生き物とは，典型的な生き物の動きとは何だろうか。アニマシー知覚や生き物らしさに，典型性に基づくこのやり方が通用するとはあまり思えない。

　「らしさ」と「分類」について考えると，動きと外観も重要なテーマになりそうである。外観はカテゴリの分類の際に生き物かそうでないかを分けるのに役立つが，アニマシー知覚では外観は不要なのだから，生き物らしさの感覚とはあまり関係がなさそうである。

生き物であると認識することと，生き物らしいと感じること，つまりアニマシー知覚が生まれることの間には，多少の隔たりがある。動物図鑑に並べられた動物の写真や本物そっくりの動物の絵を見ればそれが動物だと認識できるが（ただし写真や絵なのであり，それ自体が動物なわけではない），通常は「生きている」という感覚は生まれない。だから動物の外観は生き物らしさを感じるための十分条件ではない。さらにいえば，必要条件ですらないのであり，これを示したものがアニマシー知覚である。逆にアニマシー知覚では動きのみの情報が生き物らしさを感じるための十分条件である，ということを示している。

　ある物体が生き物というカテゴリとして認識されるにはその物体が生き物の外観を持っていればよいが，外観が動物に全く似つかなくても，それなりの動きがあれば十分なアニマシー知覚が生まれる。無機的な図形の有機的な動きにさまざまなタイプの生き物らしさを感じてしまう。これも，エネルギー源の推定がアニマシー知覚を引き起こすがゆえのことだと理解できるのである。

4.7.2　アニマシー知覚とパレイドリア

　本章で紹介したアニマシー知覚と前章までで議論したパレイドリアは現象としてはかなり異なるものであり，認知心理学や認知科学の研究の中でも同列に扱われることはあまりない。しかし両者とも，過剰に意味を見るという認知の傾向を反映していると考えることもできる。そこで第2章で議論したパレイドリアの特徴づけから，アニマシー知覚とパレイドリアの共通点や相違点を考えてみよう。

　パレイドリアには，気づくまでは特段不思議なものは何も見えないが，何かのきっかけに気づくと鮮明な像が見えるとか全く別のものが見えるようになるという可塑的な性質があった。一方でアニマ

シー知覚の場合は，生き物に見えるのならば最初から生き物のように見えていることがほとんどである。パレイドリアでよくある同じものを眺めていて突然顔が見えるような経験は，アニマシー知覚では知られていない。知覚の構造から考えると，アニマシー知覚を生じさせる場面では，その動きを生成する原因として生き物以外を仮定しづらい状況になっている。しかしこれはアニマシー知覚研究がいささか作為的な刺激を用いてきたためかもしれない（知覚実験を厳密にコントロールするためにはこの方が都合がよいのである）。たとえば重力や風の力などの外力で動いていると認識していたもの，生き物らしさを感じていないものに対して，突然何かのきっかけで自己駆動力を見出し，アニマシー知覚が生まれるということはありうるだろう。これはたとえば，薄暗い森で風に揺れていると思っていた木々の枝葉に対して，突然，獣の鳴き声が聞こえた瞬間に，猛獣が木を揺らしているように感じ始めるようなものである。今のところアニマシー知覚がパレイドリアと同じような意味で可塑的であるという実験的な証拠は見当たらないが，いつどのような状況で何が引き金となってアニマシー知覚が生じるのか，知覚の可塑性に着目するのも，今後の興味深い研究テーマである。

　パレイドリアでは，顔に見えなかったものが一度顔に見えてしまうと，再びもとの「顔ではない」という認識に戻ることが難しいという不可逆性があった。アニマシー知覚の場合は可塑性について言及されることが少ないので，不可逆性についてもやはり言及されることは少ない。

　ここでは筆者の仮説を述べよう。アニマシー知覚が動きの原因に関する推定から生まれるものであるとすれば，動きにアニマシーを感じなくなるということは，別の原因で生き物の自己駆動力を上書きできるということである。動きそのものの統計的性質である動物性のアニマシーの場合，別の原因で上書きすることは容易ではなさ

そうである。たとえば落ち葉とハエの性質を容易に見極められるのだから (Schultz & Bülthoff, 2013)，ハエの自己駆動力を落ち葉に加わる風と重力とみなすのは難しいだろう。また社会性のアニマシーの場合も，その複雑な性質に対して生き物のもつ高度な社会性以外の原因を想定することは難しい。Heider のデモについて，社会性をもつエージェントの動きではなく自然現象が生み出した動きなのだと仮定するなら，それは奇跡を仮定するようなものである。一方で主体性のアニマシーを生み出すような動きの場合は，自己駆動力以外の原因も想定できそうなものが多い。たとえば Michotte のデモは磁力を想定すれば必ずしも自己駆動力は必要ないだろうし，Tremoulet のデモは透明な壁への跳ね返りを想定することができる。したがって筆者の仮説では，アニマシー知覚は状況によっては可逆的に非アニマシー知覚状態に戻ることは可能であり，これは動きの原因となる力の想定しやすさに依存するのではないだろうか。

　マンホールは顔に見えるが，顔はマンホールに見えないという例からパレイドリアの非対称性を指摘した。同様の議論はアニマシー知覚についても可能である。つまり，リアルな生き物の動きを見て，生き物以外の何者かに見えるのか，と問うことができる。これまでの議論を踏まえれば，これはリアルな生き物の動きを見て，その動きの原因として自己駆動力以外の原因を想定できるのかという問題となる。

　ひとつの視点として，アニマシーの消失で示したような現象がこれに該当する。つまり単体だけを見ると生き物に見えるが，複数の生き物の動きが完全に同期する単体のアニマシーは激的に低下する。ただし生き物が同期により生き物らしくなくなるという構造は，生き物対非生き物という単純な対称性というよりも，その動きを生み出す上位の力を想定するような階層的な構造になっている点は面白い。このような性質は動物性のアニマシーでは強く起こるだ

ろうし，主体性のアニマシーでも起こるだろう。社会性のアニマシーの場合はどうだろうか。各個体の動きを生み出すエネルギーという意味で上位の構造は想定しづらいため，知覚的なアニマシーの消失は起こりづらいかもれない。

二重性と多様性についてはパレイドリアと同様の状況がアニマシー知覚でも起こりそうである。画面上の点の動きが生き物の動きに見えたとしても，その点が本物の生き物であるという錯覚は生まれない。また動きを見てアニマシーを感じた際に，具体的にどのような種類の，そして強さのものなのか。すべての人で一致するわけではなく，個人差があるだろうし，同じ人でも状況によってはばらつきがありそうである。

少し長くなったがまとめると，パレイドリアとアニマシーは共に過剰に意味を見出すという認知の性質を反映したものだと思われるものの，現象を分析すると多少異なる面も見えてくる。これはパレイドリアでは明確な像の知覚がともなう（たとえば顔パレイドリアなら「顔」の像が見える）のに対し，アニマシーでは「生き物」や「生き物らしさ」が文字通りに「見える」わけではなく，動きの原因として推定され感じられるものであるからかもしれない。この「見える」と「感じる」の対比は，次項のバイオロジカルモーションとアニマシー知覚の関連を考えるとより明らかになるが，その前に一点だけ注意しておきたい。アニマシーが「見える」ものではなく「感じる」ものだとはいっても，これは頭を使って意図的にあれこれ考えて初めて感じられるようなものではない。意識的な推論や思考を経ずに，見た瞬間に感じるものである。Michotte が意図性の直接知覚を論じたように，アニマシーもやはり熟考の末ではなく瞬時に自動的に生じるものである。すなわち私たちは動きを見て，その動きのエネルギー源を瞬時に読み取る能力を持っているのである。

4.7.3　アニマシー知覚とバイオロジカルモーション

　4.1.3項で紹介したバイオロジカルモーションとアニマシー知覚を比較してみよう。両者ともに，単純な幾何学的図形の動きから生き物らしさを感じることができるという点で共通してはいるものの，この2つの現象の大きな違いとして「像の見え」が挙げられる。アニマシー知覚では点や丸や四角などの単純な幾何学図形が，一個一個の動きが独立した生き物として認識されていた。さらにいえば，点や丸の見え方はどうでもよいのであり，その動きとアニマシーがダイレクトに繋がるのである。一方でバイオロジカルモーションの場合は，一個一個の点の動きそのものがアニマシー知覚を生み出すわけではない。複数の点の動きが集まってダイナミックなパターンを形成することで，そこに生き物の像が「見える」ようになる。だからバイオロジカルモーションでは見えるものの多様性は小さい。

　アニマシー知覚では生き物らしさはひとつの点の動きに対応する。4.6節では，単体では生き物らしく見える点の動きでも，ほかの複数の点と完全にシンクロして動くことでアニマシーが消失することを紹介した。点群の動きを支配する大局的な構造物が仮定されることで，単一の点の自己駆動力を仮定することは，もはや不要になるのである。

　バイオロジカルモーションの場合には，単一の点では意味をなさない動きであっても，複数の点をまとめて認識することで生き物の像が浮かび上がり，生き物らしさを感じる。生き物らしさは点全体の動きに対応する。バイオロジカルモーションの一つひとつの点に注目すれば，それは動きの同期によるアニマシーの消失の実験（図4.18）と同じような状況になっているかもしれない。

　パレイドリアにおける顔とは異なり，生き物らしさは目に見えないエネルギーである。以上の議論を踏まえれば，目に見える動きに

このエネルギーを対応させる際の対応づけの規則が浮かび上がる。第一に，目に見える複数のものをできるだけ一つのまとまりとして認識しようとする，つまり動きを生み出すエネルギー源をできるだけ少なくしようとする。これができない場合には，複数の物体それぞれにエネルギー源を仮定する。Heider のデモにおける社会性のアニマシーや，Takahashi らの独立に動く点の群れがこの事態である。点群をまとまりとして認識できる場合には，そのまとまりに一つのエネルギー源を対応づける。そしてこの各段階において，見た目の非生物性とは無関係に，動きを生み出すエネルギーとして生き物を仮定することが妥当ならアニマシー知覚が生じる。

4.7.4　心の理論とアニマシー知覚

　動きを生み出すエネルギーというアニマシー知覚の考え方は「心の理論」と呼ばれる概念とも共通するものである（福田・植田，2011）。心の理論とは，私たちが他者の行動を理解する際に，他者の行動の背景としてその行動を生み出した心を仮定し，その心の働きを理解するという能力のことを指す。このようなことを私たちは普段から何気なく行っているが，私たちが直接見聞きするものはあくまで他者の外観であり，その心には直接触れることはできないし，心の実在を証明することだってできない。知覚の構造の枠組みで考えれば，視覚，聴覚，その他の感覚情報を通して観察した他者の行動を説明できる合理的な原因として，いくつもの候補の中から最もありそうなものとして心を仮定しているということになる。

　心の理論におけるこのような心と行動の関係は，アニマシー知覚では動きとその動きを生み出すエネルギーという関係に置き換えることができる。このことに関連して，たとえば心の理論の大家でもある心理学者の Chris Frith と Uta Frith は，心の理論の前提として必要になる能力として生物と非生物を区別する能力を挙げている

(Frith & Frith, 1999)。本書では動物性，主体性，そして社会性のアニマシーというタイプでアニマシー知覚の特徴づけを行ったが，社会性のアニマシーは心の理論と相当の重なりがあるし，主体性のアニマシーもそうである。

　もっといえば，これらのアニマシー知覚は，外観などの手がかりから生き物ではないと明確にわかるにもかかわらず，動きの情報だけで生き物らしさを感じてしまうのだから，心の理論の過剰適用である。

　一方で動物性のアニマシーは心の理論との重なりを見出すのが難しい。そこで読み取られるものは主体性や社会性ではなく，命あるものの生々しいエネルギーとしてのアニマシーである。Frith らが生物と非生物の弁別が心の理論の前提条件であると述べたとき，彼らが具体的にどのような生物を想定していたのかは定かではない。生々しい動物性のアニマシーは心の理論とは無関係なのだろうか。しかし動きを見て，その動きを生み出すエネルギーを仮定するという能力自体は，ほかのタイプのアニマシー知覚と同様のものである。これまでのアニマシー知覚研究では，動物性のアニマシーはいささか軽視されてきたように思える。知覚の構造から考えれば，生々しい動物性のアニマシーも，主体性や社会性のアニマシーも，心の理論も，意味を創り出す認知という枠組みで捉えることができるのである。心理学者はやはり心を中心に据えた話が好きなのではあるが，今後は動物性のアニマシーの方面ももう少し重視されてほしいものである。

> **コラム** **BigDog ベータ**
>
> 　4.2 節で紹介した BigDog には実は BigDog ベータと呼ばれる開発版（のパロディ）が存在する[38]。人間ふたりが BigDog に似せた外観をして BigDog に似せた動きをするというものである。外観も動きも BigDog に酷似しているが，中に人間が入っていると思って見ただけで，全然違う印象が生まれてしまう。なぜだろうか。
>
> 　BigDog も BigDog ベータも，その動きの原因として自己駆動的なエネルギーを仮定することは変わらない。BigDog の場合には，生き物らしい，しかし得体のしれないエネルギーが仮定され，ここから強力なアニマシーが生まれる。しかし心の理論との関係について考えれば BigDog はロボットだから，人間らしい心を仮定することは難しい。
>
> 　一方で BigDog ベータの場合は，中に人がいるという文脈が与えられるから，BigDog ベータの動きのエネルギー源としても，中の人の動きが仮定される。そしてその場合には，中の人の動きを生み出すエネルギーを考える必要が出てくる。この際に，中の人が人であるがゆえに心の理論が適用可能となり，中の人のそのような行動を生み出した心を感じ取り，バカバカしくなる。
>
> 　BigDog ベータの中身が人ではない動物，たとえば 4 匹のヘビだったと想像してみよう。すると BigDog ベータは余り笑えないものになる。理屈っぽく説明してはみたが，BigDog ベータはその動きも「面白く」作り込まれているものなので（たとえばブランコに乗るとか），その影響も大きいのかもしれない。

4.8　アニマシー知覚と脳の情報処理

　本節ではアニマシー知覚に関連する脳の情報処理について紹介する。本書ではアニマシー知覚を社会性，主体性，動物性のアニマシ

---

38)　YouTube で動画が公開されている。あまりにもバカバカしく面白いので，ぜひ見てほしい。
　https://www.youtube.com/watch?v=mXI4WWhPn-U

ーとして整理したが，これは筆者独自の見方であり，アニマシー知覚の概念や現象自体が未だに曖昧で不明瞭である。したがってアニマシー知覚に関連する脳の情報処理について体系立てて論じることは難しい。だから本節は関連する研究を紹介するにとどまってしまう，やや味気ないものとなるが許してほしい。

　アニマシー知覚の前に，生き物の視覚情報処理に関する研究を紹介しよう。Sha らは fMRI を用いてアニマシー度の異なる生物や非生物の写真を観察している間の脳活動を計測した (Sha et al., 2015)。なおここでの「アニマシー度」は本章の言葉を使えば，主に社会性のアニマシーが想定されている。注目したのは腹側視覚経路で，この経路は視覚物体が何なのかを判断するような処理を反映していると考えられている。提示された写真は人間，猫，うぐいす，エビ，そして金槌や鍵など。Sha らの主張に従えば，生物度が高いものから低いもの，そして無生物まで幅広く分布していた。そしてこれらの写真を観察した際の腹側野の活動を計算し，その類似度を測ったところ，アニマシー度が近いカテゴリ間では活動パターンが似ていて，アニマシー度が大きく異なるほど活動パターンも異なることがわかった。同時に，生物か非生物かで二分されるようなものではなく，非生物から生物にわたり，アニマシー度が連続的に表現されているという結果だった。つまり非生物はアニマシー度が最も低く，エビのような（社会性の）アニマシー度の低い生き物は次に低く，チンパンジーや人間などはアニマシー度が高いといった具合に脳の中で表現されていた。

　Sha らの研究では本物の生き物の写真が使われた。一方，本章で議論したような幾何学図形を生き物だと感じるようなアニマシー知覚に関する脳研究も存在するが，やはりここでも社会性や意図性のアニマシーを念頭に置いたものが多い。特に心の理論に関連して，他者の意図の推測に関わるような脳活動が，アニマシー知覚

にも関与しているといわれている。Schultz らは Heider らのデモを単純化した状況を作成して，知覚されるアニマシーの強さに関連する脳活動を探した (Schultz et al., 2005)。Schultz らの実験では，2つの丸い物体が相互に作用しあって動いていた。この動きの性質によって，アニマシーが強く感じられることも，弱くなることもあったが，そこで生じるのは2つの物体の相互行為なので社会性のアニマシーだったと解釈できる。実験の結果，上側頭溝 (STS) や上側頭回 (STG) の活動がアニマシー知覚の強度と相関していた。Osaka らも同様に Heider のデモに近い刺激から，物体の意図を感じる際には上側頭溝が活動するという結果を示している (Osaka et al., 2012)。

　上側頭溝の脳機能に関する詳しい解説は他所に譲るが，この脳部位は社会脳を構成するとも考えられており，社会性のアニマシーに関連して活動することは自然である。しかしながら Heider のデモに代表される社会性のアニマシーを生み出す刺激は複雑であり，その中にはさまざまな成分が混在する。特に難しいのは，主体性のアニマシー（意図）と社会性のアニマシーの分離である。この問題に対して，Gao らは Wolfpack 効果を使った fMRI 研究により STS の活動が社会性と意図のどちらを反映しているのかを検討した (Gao et al., 2012)。Gao らが設定した4つの条件は以下のとおりである。1つ目は狼が羊を追いかけて，途中で別の羊に狙いを変える条件（狼も羊も画面上の見た目はただの丸である），2つ目は狼が一匹の羊を追いかけ続ける条件，そして3つ目と4つ目の条件では狼が何もいない方に向かって動いている条件である。Gao らが巧妙だったのは2番目の条件を調べたことで，狼が追いかけ，羊が追われるという社会的相互作用は1つ目と2つ目の間で変わらないが，狼が途中で獲物を変える2つ目の条件では，狼の意図はより強く感じられるのである。fMRI で脳活動を測った結

果，STS の活動はこの条件で他の条件よりも強くなった。特に同じ獲物を追いかけ続ける 1 つ目の条件よりも強くなったことから，Gao らは STS の活動が動きに感じる意図の強さを反映していると解釈している。

一方で STS が社会的な相互作用を反映しているという研究もある。Isik らは Michotte のデモに類似した刺激を用いて脳活動を計測した (Isik et al., 2017)。Isik らの実験でも画面上に出てくるものはただの丸や四角だが，その動きを工夫することで，1 つの物体が他方の物体を手助けするように見える条件，邪魔するように見える条件（これら 2 つは社会的相互作用がある条件である），物理的にぶつかっているだけのように見える条件，物体が相互作用なくゴールに向かおうとする条件（意図は読み取れる），などを用意した。実験の結果，2 つの物体の相互作用がある場合には他の条件よりも STS が強く活動することがわかった。STS は意図の知覚に関連するのか，社会的相互作用の知覚に関連するのか，言い換えれば主体性のアニマシーと社会性のアニマシーのどちらに関連するのか，といった STS をさらに細かく分けた議論も行われている。ただし筆者の意見を述べれば，脳を測るよりも先に現象論的に概念を整理する必要があり，現状では社会性や主体性のアニマシー知覚に関する脳研究があまり有益には思えないというのが本音である（もちろん脳を測ることで概念が整理されるという側面もある）。

このようにアニマシー知覚の脳研究では社会脳に関連して社会性，主体性のアニマシーを対象としたものが圧倒的に多い状況ではあるが，動物性のアニマシーに関する脳研究も存在する。4.5.2 項で紹介したハエと落ち葉の研究を行った Schultz らは，やはりハエの動きや落ち葉の動きを真似た点の動きを提示して，観察している際の脳活動を計測したところ，右頭頂間溝 (rIPS) という脳部位には，知覚的なアニマシーの強度に対応するような脳活動が見られた

(Schultz & Bülthoff, 2019)。しかしながら社会性や主体性のアニマシーでよく活動が報告されるSTSなどの脳部位についてはアニマシーと関連する活動は見られなかった。

　以上のことから，本書で提案した三種類のタイプのアニマシー知覚は，脳内での異なる情報処理を反映したものかもしれない（ただし社会性と主体性は境界が曖昧である）。理屈抜きに生々しく感じる動物性のアニマシーと主体性や社会性のアニマシーの関係については今のところほとんど何もわかっていないが，生き物に対する優先的処理などの人類の進化適応に照らして考えれば興味深い問題である。

　また本書の趣旨にもどって考えると，アニマシー知覚の脳研究でも状況を単純化するために丸や四角といった図形を用いた実験が行われている。つまり私たちの過剰に意味を創り出す性質を前提としているのである。そもそもなぜ脳は，ただの丸や四角に社会性を認識し，意図を読み取り，生き物らしさを感じてしまうのか。リアルな生き物を見たときに感じるアニマシーと丸や四角に感じるアニマシー，これを生み出す脳の情報処理は同じものなのだろうか。アニマシーに関する脳の仕組みはまだまだ謎だらけなのである。

第5章 日常に潜むアニマシー知覚

　第4章ではアニマシー知覚に関する専門的な議論が続き，内容も少し込み入ってきた。本章では少し趣向を変え，アニマシー知覚に関連すると思われる興味深い現象，日常の中でのアニマシー知覚などについて紹介していこう。知覚や認知の研究者にとっては，アニマシー知覚研究のネタが転がっているかもしれない。そうでない読者にとっては，日々の生活の中でアニマシーを発見するヒントになるかもしれない。

5.1　生き物らしさと不気味さ

　4.1節で紹介した生き物に対する特別な認知は，不気味さや脅威の感情とも関連する。たとえばヘビ検出仮説という考え方がある。人類の認知機能は脅威の対象であるヘビを上手に検出できるように進化してきたというものである（川合・内村, 2016）。すべての生き物が脅威の対象ではなく，なついているペットなどはむしろ可愛いものである。しかし日常の中を見渡すと，アニマシー知覚は脅威や不気味さをともなうことが多いようにも思える。逆に考えると，脅威や不気味さがアニマシーとは全く関係のない場面で生まれることの方が稀なのかもしれない（あるとすれば，高所恐怖症の人にとっての断崖絶壁など，命の危険を感じる場面だろうか）。そこで本節では生き物らしさと脅威や不気味さの関係について考えてみよう。

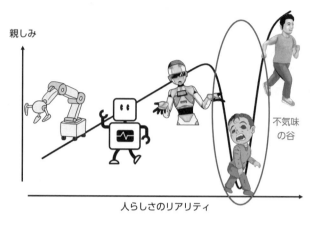

図 5.1　不気味の谷現象の概念図。リアリティが増せば親しみも強くなるが，実物に相当近い部分では極端に不気味さを感じることがある。

5.1.1　不気味の谷

　人型ロボット（ヒューマノイドロボット）の世界では，「不気味の谷」現象と呼ばれる問題が昔から知られている（図5.1）。これはロボット工学者の森政弘氏が 1970 年に提唱した仮説で，ヒューマノイドロボットの見た目が機械的なものから実物の人間の姿に近づくほど，つまりリアリティが強くなるほど親しみが湧いてくるが，「ほぼ人間だけど何かがおかしい」というレベルまでリアリティが向上すると，突如として不気味さが生まれるというものである (Mori, 1970)。

　なぜリアルな人間に近いモノに対して不気味さを感じるのか。不気味の谷にはいくつかの理論が提唱されている (MacDorman & Ishiguro, 2006)。私たちは，ロボットが人間のような見た目をしていれば，その振る舞いも人間らしいだろうと，暗黙のうちに期待してしまう。しかしヒューマノイドは完璧に人間らしく振る舞うことはできないので，期待や予測と現実の齟齬が生まれてしまう。こ

のような期待と現実の不一致が不気味さにつながっているという説明がある。ここでの振る舞いとは，人間同士のインタラクションで通常は行われることがヒューマノイドには行えないというような，社会的な振る舞いの予測もあるだろうし，対面していて身体が揺れないとか，まばたきをしないとか，ミクロなレベルの動物的な振る舞いの予測もあるだろう。人間にそっくりのアンドロイドに生体独特のゆらぎのような動きを加えることで自然さを向上させようとしている試みもある。

　別の説明として，ヒューマノイドの外見が人間に近づくことで，そのモノがロボットなのか人間なのかがわからなくなるというカテゴリの曖昧さが不気味さにつながっているという仮説も提案されている (Yamada et al., 2013)。また不気味の谷は人間型のモノに特化しているわけではない。アニマシー知覚における生き物らしさが人に限定されていなかったように，動物を模したキャラクターなどでもリアリティが上がり本物に近づくと不気味になる段階がある (Schwind et al., 2018)。

　植田はこれらの議論を踏まえて，「不気味の谷」現象では外見や動きなど対象からボトムアップに生まれる予測と，知識として持っているカテゴリからのトップダウンの予測が乖離する場合に不気味さが生まれていると論じている (植田, 2013)。このような枠組みは Wolfpack 効果を出発点に提案されているアニマシー知覚のアーキテクチャ (Gao et al., 2019) とも一致するものである。「不気味の谷」現象が生き物（特に動物）に特化して起こるものなのかは定かではないが，生き物ではない対象に「不気味の谷」現象が生じるということは少し想像しづらい。スマホや自動車をデフォルメした絵があったとする。それを徐々にリアルに近づけていくと，どこかの段階で不気味さが生まれる，ということが果たしてあるのだろうか。

　ここではすでに論じたアニマシー知覚，特にエネルギーとの関係

から不気味の谷現象を考えてみたい。アニマシー知覚では，動きからその動きを生み出すエネルギーを仮定し，自己推進力が想定される場合に生き物らしさが感じられた。アニマシー知覚の場合には点や丸が用いられ，動き以外の情報が脱落していたので，エネルギーのタイプに関する手がかりは動きだけだった。逆にリアルな外観を持つものの場合には，経験的に生き物の外観からその動きが予測できるわけだから，外観もエネルギーの種類を推定する手がかりとなる。そしてリアルな生き物では，動きと外観から仮定されるエネルギーのタイプが一致する。

　一方で不気味の谷は動かない対象にも生じるものなので，動きからの手がかりと外観からの手がかりの不一致が本質的な原因ではなさそうである。しかし 4.1 節の，生き物の監視から外観を手がかりに動きを生み出すエネルギーを推定するというプロセス自体は常に働いている。人形ならば外力によってのみ動くだろうし，リアルな人間ならば自己推進力を持ち，生き物らしく動くだろう。このような場合には，動きを生み出すエネルギー源が定まるため，動きの予測が可能である。具体的な動きそのものの予測はできないかもしれないが，少なくとも動きを予測するためのルールがわからない，ということはない。しかし不気味の谷にあるような対象の場合，その対象の背後に想定すべきエネルギー源が定まらない。動かないのか，機械のように動くのか，生き物のように動くのかわからない。そしてどのように動くかわからない存在はとても不気味である[39]。動きを生み出すエネルギー源の不定性，これが不気味の谷に関わるものかもしれない。このアイデアの真偽については今後の検証を必要とするが，不気味の谷が生き物に限定されて起こることだと考えるなら，検証の価値があるものと信じたい。

---

39)　エルスバーグのパラドクス（次ページのコラム参照）が示すように，人間には曖昧さや不確実性を忌避する傾向がある。

コラム　エルスバーグのパラドクス——曖昧さを避ける

　次のような選択肢に直面して，あなたならどの色を宣言するだろうか。続きを読む前に少し時間をとって考えてみてほしい。

「壺の中に赤い玉が 30 個，緑の玉と青い玉が合わせて 60 個（ただし内訳は不明），合計 90 個の玉が入っています。あなたは今から玉を 1 つ取り出しますが，その前に玉の色を予想して宣言します。予想が当たれば 1000 円もらえます。さて，赤緑青のうち何色の玉を引くと宣言しますか？」

　これはエルスバーグのパラドクス (Ellsberg, 1961) と呼ばれるものを少し変形したものである。経済学者のエルスバーグは次のような問題を示し，不確実な状況における人間の意思決定の不思議さを鮮明に描き出した（なおエルスバーグのパラドクスとしては赤青黒 30 個ずつの問題のほうが有名である）。

1. 赤玉と黒玉が入っているふたつの壺がある。それぞれの壺からは赤玉か黒玉がランダムに出てくる。
2. 最初にあなたはどちらの壺から玉を取るかを宣言し，そしてその結果どちらの色の玉が出てくるか予想する。たとえば「赤 I」と宣言したら，壺 I から玉を取り，その結果が赤玉であると予想するという意味である。
3. 予想が当たれば，賞金を獲得できる。
4. 壺 I には 100 個の玉が入っていることがわかっている。赤玉と黒玉の内訳は不明である。
5. 壺 II には同じく 100 個の玉が入っていて，50 個が赤玉，50 個が黒玉であることがわかっている。

　以上の状況で，たとえば次のような問いを考えてみよう。

Q1：赤 I と黒 I だったらどちらを選びますか（宣言しますか）？
　　もしくは，どちらでもいいですか？
Q2：赤 II と黒 II だったら？
Q3：赤 I と赤 II だったら？
Q4：黒 I と黒 II だったら？

Q1 と Q2 については「どちらでもいい」という回答が大半を占める（赤が好きだから赤，というような回答は「どちらでもいい」に含まれる）。ところが Q3 と Q4 の場合はどうだろうか。この場合も「どちらでもいい」と思う人もいるかもしれない。しかし，多くの人は赤 I よりも赤 II を，そして黒 I よりも黒 II を好む。

実際のところ，壺 I でも壺 II でも，赤玉と黒玉が出てくる確率は 50％で等しい。だから Q3 も Q4 も，どちらかを好んで選ぶ合理的な理由はない。ところが人間は，赤 II のような状況の方が赤 I よりも「ありそうだ」と感じるらしい。逆にいえば，壺 I のような状況を避けたがる。壺 II は赤黒どちらを引くかはわからないが，赤黒 50 個ずつという情報が確定しているのに対し，壺 I ではその内訳がわからないから，赤が 0 個かもしれないし，10 個かもしれない。この場合は，赤を引ける確率は極めて低い。当然，赤は 100 個かもしれないし 90 個かもしれないのだが，いずれにしても私たちはこのような曖昧さを避ける傾向がある。

ところで冒頭の問いは，筆者がツイッターのアンケート機能で実際に投票を求めたものである。当然，期待値はどの色も同じ 1/3 である。しかし投票を集計したら，赤玉を選択する人がなんと 70.1％にものぼった（緑が 16.2％，青が 13.7％）。緑と青玉の数は示されておらず，曖昧な状態である。すると曖昧なこのふたつの選択肢を避け，赤玉を選びやすくなる。情報の曖昧さをコントロールするだけで，判断にこれだけの偏りが現れるのである。

5.1.2　顔ガクガク錯視

人間に似ているヒューマノイドロボットと似たような「不気味さ」を感じさせる現象として，筆者は最近，顔ガクガク錯視[40]という錯視に注目している (Hancock & Foster, 2012; Ueda et al., 2011)。顔ガクガク錯視とは，1 つの顔の輪郭の中に目が 4 つ，口が 2 つ配置されると，なんとも言葉に表現しがたい違和感があっ

---

40) 「顔ガクガク錯視」という名称は錯視の大家である知覚心理学者の北岡明佳氏が名付けたものであり，英語では Double face illusion とか Wobbling face illusion などと呼ばれている。

図 5.2　左の画像は顔ガクガク錯視の例で，ひとつの輪郭の中に目が 4 つ，口が 2 つ配置されている。右の画像でも同じように 4 つの目と 2 つの口があるが，輪郭も二重であり，単なるブレ画像として認識される。

たり，不気味さを感じるというものである。図 5.2 の左の「顔ガクガク錯視」と右の「顔ブレブレ画像」について簡単な調査を行ったところ，顔ガクガク錯視では顔ブレブレ画像に比べて「人間味がない」，「気持ち悪い」，「複数人に見られているように感じる」といった印象が強く生まれることがわかった。

　筆者が顔ガクガク錯視の不気味さに注目している理由は，これが視覚的要素とエネルギー源の対応問題とアナロジカルな構造になっていると考えているからである。通常，視覚情報として 1 つの顔が与えられれば，私たちはその背後にたかだか一人の人間を仮定する。つまり 1 つのエネルギー源を仮定する。このようにエネルギー源から視覚情報への対応は集合論の言葉を借りれば単射である。ところが顔ガクガク錯視では，1 つの顔の中に複数セットの目と口が与えられることで，2 つのエネルギー源が 1 つの顔へとマッピングされる。ここに矛盾が生じ，不気味さが生じる。

　顔以外の対象なら，複数のエネルギー源が想定されれば対象を部分に分割して，それぞれの部分にエネルギー源を対応させればよい。4.6 節で紹介したように，点群全体をひとつのエネルギー源で

支配されるものとみなすことも，点群の中の点一つひとつに独立の
エネルギー源を割り当てることもできる。ところが人間の顔の場合
は，熟達しすぎた顔認知ゆえにこのような部分への分割が難しい。
一方，顔ブレブレ画像の場合には，顔全体が二重になっているの
で，部分に分割してそれぞれの顔にエネルギー源を割り当てること
ができる。

　顔ガクガク錯視も静止画で起こるものなので，エネルギー源の議
論まで持ち出す必要はないのかもしれない。しかし生き物に特化し
て起こりそうなこと（たとえば取っ手が複数ついたマグカップに不
気味さは感じない）や，人間味が失われるという印象が生じること
からも，アニマシー知覚とのつながりという視点でこの錯視を捉え
てみるのも面白いだろう。

5.1.3　お化け

　不気味さの代表格といえば何よりお化けである。4.2 節で述べた
ように，アニマシー知覚は一般的に目に見える対象に対して感じる
ものである。お化けの場合は，視認可能な明確な対象が存在すると
は言いがたいこともある。しかしパレイドリアとアニマシーをあわ
せて考えるとお化けの本質が見えてくるかもしれない（図 5.3）。

　心霊写真の多くがパレイドリア現象によって説明できることはす
でに述べたとおりである。写真だけでなく現実の世界でも，意味を
見たがるバイアスは遺憾なく発揮され，パレイドリアは至るところ
で起こる。だから暗闇の中の木々に見えるぼやけた濃淡から，人や
動物の形を認識することもある。あるはずのない場所に顔が見えれ
ば，それを生み出す原因としてお化けを仮定することもある。

　一方，動きに注目してアニマシー知覚との関係を考えてみよう。
現実の（！）お化けは，ただじっとしているだけでなく合理的に説
明のつかない動きをしたりもする。通常，生き物を認識する場合に

図 5.3　パレイドリア，アニマシー，お化け。

は，その生き物がいるべき場所に，いるべき姿で存在する。そして
動きのエネルギー源を推定し，その生き物の固有の自己推進力をエ
ネルギー源として仮定した場合に合理的に説明のつく動きが認識さ
れる。たとえば犬は空を飛ばないし，瞬時に別の場所に移動するこ
ともない。お化けの場合はその動きは物理的な制約を全く受けない
ので，自然な事物のエネルギー源から予測されるものとは全く異な
る動きも可能である。左に存在したと思った人影が，瞬時に右に移
動している。ニュートン力学でも不可能，通常の生き物でも不可能
となれば，エネルギー源として超自然的な自己推進力を想定せざる
を得ない。

　パレイドリアによって何らかのパターンが見える。パターンとし
て生き物が見えたときに，動きのエネルギー源として自己推進力が
仮定される。ところが現実の（！！）お化けの動きは，通常の生き
物の自己推進力では説明できないものである。すべてのお化けに当
てはまるわけではないだろうが，アニマシー知覚とパレイドリアを
通してお化けの正体を考えてみると，お化けの不気味さも多少は軽
減されるかもしれない。

5.2 人工物の中に生まれるアニマシー

　これまでは主に，画像として与えられる動きから生まれるアニマシー知覚について紹介してきた。アニマシー知覚を研究する現場では，その簡便さゆえにアニメーションを画面に表示して実験を行うことが圧倒的に多い。しかし画像ではなく，物理的に存在する人工物に対してもアニマシーを感じる。人工物とアニマシー知覚が結びつくと，それはもはやアートである。

5.2.1 アニマシーとミニマルデザイン

　アニマシー知覚では，外観から生き物らしさを取り除いても，動きだけから生き物らしさが生まれる。このようなアニマシー知覚の人工物（リアルな物体版）とも言うべきものとして，山中俊治氏らが発表している「Bio-likeness 生命の片鱗」と名付けられたアーティスティックな作品群を紹介しよう[41]。2014 年だったと思うが，ちょうど筆者がアニマシー知覚研究を進めている頃，大学の同じキャンパスでこれらの作品の展示会が開催されたので，足を運んで鑑賞してみたこと，そして非常に印象的だったことを覚えている。彼らの作品は映像ではなく，実際に動くモノである。目も顔も曖昧であり，具体的にそれが何なのかは理解できない。しかし，ゆったりと動くモノたちからは「生きたい」というエネルギーだけが力強く

41）「Bio-likeness 生命の片鱗」のウェブサイト
　http://www.design-lab.iis.u-tokyo.ac.jp/
　exhibition/biolikeness/works.html

YouTube で紹介動画が公開されているので，ぜひ一度眺めてみてほしい。
https://www.youtube.com/watch?v=zJQsa5TdWEs

溢れ出ているように感じる。濃密に凝縮された動物性のアニマシーである。筆者の記憶では，このときの生き物らしさは「イソギンチャク的な」とか「クラゲ的な」というようなものだった。筆者の語彙力の問題もあるかもしれないが，このような生き物らしさについて的確に表現する言葉を私たちは持っていないので，それゆえに比喩に頼らざるを得ない。

　Bio-likeness の特徴は，そのミニマルなデザインである。ここでミニマルとは，特定の生き物を想像させる手がかりを限界まで削ぎ落としていることを意味する。外観や動きが特定の生き物を容易に想像させるような場合とは異なり，このようなミニマルデザインは見る人が違えば感じ方が大きく異なることもある（アニマシーとパレイドリアの多様性である）[42]。さらに同じ人が見ても，そのときの気分や情動，知識を反映して，違った感じ方がされることもあるだろう。

　意味を過剰に作り出すという認知の性質は本書の一貫したテーマである。動きの背後に読み込まれるエネルギー源は，情報を削ぎ落とすことで自由度が増す。だから生き物らしさのミニマルデザインは，見るものに意味を作り出す自由を与えてくれる。そしてこれが楽しいのである（脚注に掲載の YouTube のデモを見てほしい。動画であっても楽しさが想像できるはずである。実物を見れば，さらに楽しい）。まさにアニマシー知覚のエッセンスが詰まった作品群である。

42）「Bio-likeness ロボットの開発と効果の検証」（江角一朗, 2013 年度森泰吉郎記念研究振興基金研究成果報告書）では，展示物に対する印象として「嫌いなの？」「なんか嫌われてるみたい」「人間関係みたい」「動物みたい」「生意気な感じがする」「電車の中にこういう人いますよね……」といった反応が得られたことを報告している。

5.2.2　コミュニケーションとミニマルデザイン

　「マツコロイド」などのリアルな人型ロボット開発で有名な石黒浩氏は，実はリアルさとは対極にあるもの，「テレノイド」や「ハグビー」といったユニークなコミュニケーションロボットの開発，製品化を進めている。

　「テレノイド」の身体の輪郭は人型を模していて顔と手足と胴体がある。顔には目，鼻，口が付属している。一言でいえば不気味な印象を受ける。この人工物の面白いところは「Bio-likeness」とも共通していて，具体的にそのものが何者かといういかなるシグナルも発しないようなデザインになっている。無表情であり，中性的である。人型抱き枕である「ハグビー」にいたっては，頭部のようなものと手のようなものがあることからなんとなく人間を想像させる外見ではあるが，目や口もない。

　「テレノイド」や「ハグビー」はそれ単体で何らかの機能を持つものではなく，あくまで人と人のコミュニケーション，なかでも遠隔コミュニケーションを介在するために存在している。たとえば「テレノイド」は，遠く離れた操作者により動き，話す。ユーザにとっては目の前の「テレノイド」はあくまで，直接は見えない操作者，すなわち対話相手の代替物にすぎない。「ハグビー」は携帯電話を中に入れて，抱いて，相手と話すように設計されている。いわば匿名の身体を持った携帯電話である。

　このようなミニマルデザインのコミュニケーション支援ロボットについて，2つの視点で考えてみたい。一つは，なぜそれが必要なのか。そしてもう一つは，なぜミニマルデザインなのかという点である。

　コミュニケーションを意思伝達として捉えれば，機能としては携帯電話で十分である。しかし人間のコミュニケーションには非言語的な信号のやり取りがともなっていて，これがコミュニケーショ

ンの潤滑油となっている。相手が自分とつながった世界に存在している という信念があり，そのなかでコミュニケーションが進んでいく。携帯電話によるコミュニケーションでは，たしかに声は聞こえているが，その相手がどこかに存在しているのだという感覚を強く抱くことは難しい。理屈ではわかっていても，見えないし触れられない。私たちは，コミュニケーション相手とつながっている，物理的な世界を共有しているということを感じたいのであるが，これは携帯電話だけではなかなか満たされない。

このような状況で，「ハグビー」や「テレノイド」のような媒介物はコミュニケーション相手を投影させることで，見て触れることができる，自分とつながった世界にその相手が存在している，という感覚を与えてくれる。実際に「テレノイド」や「ハグビー」を抱きかかえながらコミュニケーションすることで，相手の存在感を強く感じることができるようになり，その結果としてコミュニケーションが促進されるという効果も観察されているようである。

鈴木宏昭氏のプロジェクションサイエンスについての言葉を借りれば，コミュニケーションの相手をリアルなしかし遠方の見えない他者ではなく，目の前の人工物に投射していることになる（鈴木, 2020）。

ではなぜミニマルデザインなのか。ここにアニマシー知覚が関わってくる。もし目の前の人工物がその内部にエネルギー源としての自己推進力（あるいは機械的エネルギー）を容易に想像できるものだとしたなら，コミュニケーション相手の他者は目の前の人工物を動かすエネルギー源として入り込む余地はない。ミニマルデザインはそのエネルギー源に関する制約を取り払うのである。その結果，自分がエネルギー源として想定したいものを自由に想定することを可能とする（図 5.4）。アニマシー知覚で再三にわたり紹介したように，私たちは単純化された点や丸などの図形にすら生き物らしさ

図 5.4 リアルなモノが目の前にあれば，そのリアルなものに関連するエネルギー源が想定され，遠隔の対話相手が入り込む余地がなくなってしまう。ミニマルデザインとすることで，遠隔の対話相手をエネルギー源に想定する余地が生まれる。

を感じることができる。人工物のミニマルデザインに対しては，このような意味を創り出す力を発揮しやすい。最近話題の分身ロボット「OriHime[43]」も，やはり同様にミニマルデザインを採用することで，コミュニケーション相手のことをダイレクトに想像しやすい設計になっている。リアルな人工物ではないが，子どもたちに大人気のキャラクター「ミッフィー」も想像の余地を与えるデザインになっている。また今泉拓氏，植田一博氏との共同研究でも人の形そのもののデザインよりもヒト的なものを想像させるデザインに対してアニマシー知覚を誘発して感情を感じやすくなることが示されている[44]。人工物のミニマルデザイン，そこに人びとはさまざまな生き物らしさ，社会性，意志，意図を見出し，想像して楽しむのである。

43) https://orihime.orylab.com/
44) 今泉拓・高橋康介・植田一博（2018）.「意味の過剰な読み込みに関する実験的検討—アニマシーを例にして—」，日本認知科学会第 35 回大会.

5.2.3 アニマシーとインタラクション

すでに述べたようにアニマシー知覚の研究では動画を使うことが圧倒的に多いが，動画ではなくリアルな物体を使ったアニマシーの研究も存在する。ここでは人工物のアニマシーとして少し珍しい実験を紹介しよう。人工物を使った研究の面白さは，何よりもリアルなモノとのインタラクションである。画面上の動画の中の物体とは触れ合うことはできないが，リアルなモノを触れば動くし，叩けば壊れる。

Fukuda らはロボットをコントロールするという実験状況の中で人工物とのインタラクションとアニマシー知覚の関係を調べた (Fukuda & Ueda, 2010)。Fukuda らは直径 7 センチほどの大きさの，光に反応するロボットを使って次のようなユニークな実験を行った（図 5.5）。このロボットは懐中電灯で照らした明るい方向へと移動する。実験条件として，明るい場所に向かってロボットがダイレクトに動いていく条件，ランダムなノイズに従って揺らぎながら動く条件，そして 1/f ノイズに従って揺らぎながら動く条件を設定した。そのうえで，実験参加者自身が懐中電灯を操作する条件と，他人が懐中電灯を操作して実験参加者はただロボットの動きを観察するだけという条件を設定した。実験結果の要点を示すと，観察するだけの条件（画面上の動画を見ている状況に近い）では光に向かってダイレクトに動いていく条件が最もアニマシーが強く，自分で操作する条件では，1/f ノイズの条件が最もアニマシーが強かった。

この実験でのアニマシーが動物性，主体性，社会性のどの種類のものに対応していたのかはわからないが，一つの仮説としては他人が操作して自分は観察するだけの条件では主体性のアニマシーが優先され，一直線に光に向かっていく様子から，その意図が読み取られたのかもしれない。自分で操作する条件では，ダイレクトなイン

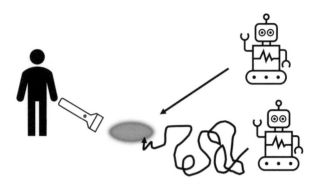

図 5.5　Fukuda らの実験の模式図。ロボットは懐中電灯で照らした方向に向かって動いていった。このときに，一直線に動いていく場合や，フラフラと動いていく場合などがあった。自分が懐中電灯を動かしているときは，1/f ノイズでフラフラと動く条件が最もアニマシーが強く，場面を観察しているときには，一直線に動いていく条件が最もアニマシーが強かった。

タラクションがある。意図から生まれる主体性のアニマシーに加えて，その対象がどのような生き物で，どのような動きをしてくるのか，という動物性のアニマシーもインタラクションの重要な要素である。だとしたら，自分で操作する場合には動きの統計的性質，つまり動物性のアニマシーが強調されることもありそうである。

　リアルな日常の中でも，出現する可能性のある生き物の種類，生き物との距離感，その生き物と直接的なインタラクションがあるのかどうか，そういったコンテクストに応じて社会性を読み取るのか，その場その時の意図を読み取るのか，動きの激しさを予測するのか，必要となる情報は異なる。危険な生き物がいる薄暗い森では，危険回避のために動物性のアニマシーに対してアンテナを張っておく必要があるだろう。そしていざ目の前に驚異を発見したら，その生き物がどこに向かおうとしているのか，意図を読み取る主体性のアニマシー知覚が役立つ。家の中で飼い犬と戯れているような状況では，むしろ社会性のアニマシーに身を浸したい。人工物との

インタラクションを調べることで，状況に応じて時々刻々とダイナミックに変わるアニマシー知覚の性質を捉えることができるかもしれない。

5.3　擬人化とアニマシー

人間ではないモノを，あたかも人間であるかのように見せることや振る舞わせることが擬人化である。見ている者からしたらそれがリアルな人間であると誤って認識するわけではないが，人間ではないとわかりつつも人間性を読み込むことで，ただのモノとは少し違ったモノになる。生き物ではないものに対して，生き物ではないとわかりつつも生き物らしさを感じてしまうアニマシー知覚との共通点も多い。ここでは道具の擬人化と食べ物の擬人化（正確には擬生物化）について紹介しよう。

5.3.1　道具の擬人化の効用

最近，約10年ぶりに冷蔵庫を新調した。なんとこの冷蔵庫が実によく喋るのである。朝起きてドアを開ければ「おはようございます」と挨拶し，天気を教えてくれたり，近所のスーパーの特売情報を教えてくれたりする。突然「冷蔵庫クイズ」というものを出題してきたりもする。ただ音声信号を発するというわけではなく，喋る，私たちに話しかけるということである。冷蔵庫の中の状態を知らせるとか，その日の天気や近所の特売情報を連絡するといった目的であれば，挨拶は不要であるし，話しかけるように喋る必要はない（現実問題として冷蔵庫が挨拶に費やす時間というのは機能的な面からいえば全くの無駄である）。ではなぜこの冷蔵庫は喋るのだろうか。そしてこの冷蔵庫は，私たちにとってそこに「ある」のだろうか，それともそこに「いる」のだろうか。アニマシー知覚という視点から，この問題を紐解いてみよう。

人工物を生き物らしくみせようという試みは，決して珍しいものではない。特に人間とインタラクションを行うモノの場合には，そのモノを擬人化することでインタラクションに何らかのプラスの効果を期待することがある。たとえば一昔前，某オフィスソフトには，困ったときにどこからともなくイルカが現れて悩みを聞いてくれるという機能が実装されていた。かわいらしいイルカではあったが，概ね評判は悪かったようで，現在ではもう見ることはできなくなってしまった。銀行の ATM にも同じように，画面上で女性のキャラクターが対応してくれるようなインタフェースがあったように記憶しているが，現在ではほとんど見かけなくなってしまったように思う（このようなインタフェースにはジェンダーの観点からの批判もある）。成否はともかくとして，いずれのケースでも人間と人工物がインタラクションを行う場面で，無機質な人工物を少しでも親しみやすくしようとした開発者の気持ちを推し量ることができる。

　面白いことに，人工物の擬人化と人工物のミニマルデザインは目的は似ているが方向性は逆に見える。ミニマルデザインでは特定の生き物を想起させる情報を削ぎ落とすことで，見ている者がそこにアニマシーを見出しやすくする。ところが多くの人工物の場合は，そのままではアニマシーを見出すきっかけがない。だからインタフェースに擬人化を促すような加工を施し，見ている者がアニマシーを見出すきっかけを与えるように設計されている。力学的エネルギーではなく自己推進力のエネルギー源を想定したくなるような状況にするわけである。

　このようなモノの擬人化にはどのような効果があるのだろうか。DiSalvo らは，モノの擬人化の事例を収集し，その効果について議論している (DiSalvo & Gemperle, 2003)。たとえば香水やシャンプーの瓶は人間の身体像に似せられているとか，コンピュータ

の状態を表すアイコンが人の顔を模しているとか，周囲を見渡せばさまざまなモノに擬人化の痕跡が見られるだろう。このなかでDiSalvo らは擬人化の役目を「誘惑 (seduction)」と「実践 (fulfillment)」という軸で捉えている。誘惑とは，擬人化によって人がそれを使いたくなること，そして実践とは，擬人化によって意味のある情報を伝えたり，機能が理解しやすくなったりすることである。たしかに，人間の身体の形に似せられた瓶には，機能的な意味はないだろうし，車の正面が顔のように見えてもやはり意味はない。しかし 3.2 節でも車の「表情」と売上が関係していたように，私たちは上手く擬人化されたものに愛着や親しみを感じる，つまりは誘惑されるという面がありそうである。また実際のモノではないが，道具を擬人化したキャラクターというのは多く出回っており，人気も高い（車，電車，スポンジ，あんぱんなど，探せばキリがない）。単純な力学的エネルギーではなく，自己推進力を与えるエネルギー源は何かと想像できる楽しみが関わっているのかもしれない。

　一方で，パソコンのアイコンなどに表される表情には誘惑以上の意味，情報を伝えることであったり，モノの利用を手助けすることであったり，道具使用の実践に関わるような意味があるだろう。このように考えると，アニマシー知覚が社会性のものから動物性のものまで連続してあったように，擬人化の機能としても社会性や主体性のアニマシーが実践，動物性のアニマシーが誘惑に対応しているとみなすことができる。

　実際にモノを使う場面で，モノの擬人化はインタラクションのしかたをどのように変えるのだろうか。大澤らはユーザの行動に応答して動く目や腕を，日常的に使われるモノ（プリンタや冷蔵庫）に取り付けることで，モノの擬人化の効果を検証している（Osawa et al., 2007, 2009; 大澤ら, 2008）（図 5.6）。たとえば擬人化されたプリンタ自身が自らの目や手を使って機能を説明する場合には，ユ

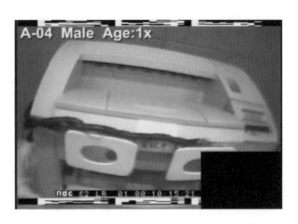

図 5.6　大澤氏の研究で作成した擬人化プリンタ。（大澤博隆氏の許可を得て掲載）

ーザはより多くの機能を覚えていられることなどがわかっている。このような擬人化は，DiSalvo らの枠組みでいえば「実践」を助けるものである。自動運転車のヘッドライト付近に巨大な目を付け，進行方向と連動させて目の向きを動かすことで，歩行者の行動に影響を与え，交通事故のリスクを減らせる可能性があるという報告もある[45]。

　4.1 節で紹介したように，私たちは生き物に対して特殊な認知過程をもっていて，生き物は覚えやすいとか，生き物は見つけやすいというように，優先的に処理する傾向がある。さらに 4.2 節以降で紹介したアニマシー知覚では，私たちは明らかに生き物ではないとわかっているものに対しても，否応なく生き物らしさを感じ取ってしまう。大澤らの研究はモノの設計の中でこのような認知特性を上

---

45)　目を持つ自動車「Gazing Car」プロジェクトの動画
　　https://www.youtube.com/watch?v=rvyToxdR9Dc

手く利用しており，結果として実践を助ける効果が得られたのだろう。アニマシー知覚や過剰に意味を創り出そうという認知特性を上手く引き出すことができれば，擬人化という工学的手法にはまだまだ大きな可能性がある（ただし微妙な擬人化によって不気味さが引き出されたり，逆に使いにくくなったりする可能性も，もちろんある）。

5.3.2　食べ物とアニマシー

　最後の話題は食べ物である。日本の食文化には「活け造り」という手法がある。新鮮な魚を捌いて切り身となった刺身を，頭，尾，背骨など食事としては不要なものと一緒に盛り合わせ，本来の魚形を復元して供するものである（図5.7）。世界を見渡しても，動物や人型のモチーフをかたどったお菓子は広く流通している。日本のお菓子では「コアラのマーチ」や「おっとっと」など，欧米でもやはり Animal Cracker などが子どもに大人気である。ヨーロッパには「ヴェックマン」や「ジンジャーブレッドマン」といったものもあり，これらは宗教的意味合いを含んでいるともいわれている。いずれにしろ，食べ物を擬人化（正確には人ではなく動物をかたどることの方が多いので擬生物化と呼ぶべきだが，ここではわかりやす

図 5.7　活け造りとジンジャーブレッドマン。どちらも食べ物を生き物の形に加工している。

く擬人化としておく）するという習慣は世界中で広く見られるもののようである。

　食べ物の擬人化について不思議なのは，食べ物の場合は道具や人工物とは異なり，アニマシーを感じさせることで逆に嫌悪感を感じることが知られているのである (Martins & Pliner, 2006)。生物感を強く感じるとか，もともとの動物が連想できてしまうというような場合には，食べ物に対する嫌悪感が強まる。たしかに焼き肉を食べるときに，生きている動物と目の前の肉との関係を想像するのは，あまり気持ちのよいものではない。にもかかわらず，活け造りや動物型のお菓子など，あえて食べ物の動物感を高めるような習慣があるのは，不思議なことである。少なくとも食べ物の擬人化が，DiSalvo らの言うところの「実践」に役立っているとは全く思えないし，では「誘惑」となっているかというと，生き物らしさや動物の連想で嫌悪感が強まるのだからむしろ逆効果のはずである。

　筆者らはこの問題を念頭に，食べ物の擬人化に関する少々風変わりな実験を行った (Takahashi et al., 2018)。この実験では，チョコレート，かまぼこ，イカの刺身の3種類の食品に対して，ダイレクトフードプリンターという道具を使って魚や犬やカニなどの動物の柄をペイントするという装飾を施した（図5.8）[46]。ペイントの柄にはリアルな写真とイラスト化した漫画風のものを用意し，モーフィング技術を使ってリアリティを段階的に操作した。そしてこれらの食べ物の写真を実験参加者に見てもらい，それぞれの食べ物についてどの程度食べたいか，どの程度美味しそうか，そしてどの程度高級そうに見えるかを尋ねた。この実験のポイントは，食べ物

46）　ダイレクトフードプリンターでは可食性インクを使っているので，これらの食品は食べることができる。この実験の際も，写真撮影を行った後に，研究者らで食したわけだが，動物がプリントされたイカの刺身は写真で見る以上に気持ち悪いものだった。

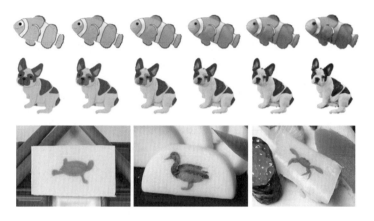

図 5.8　Takahashi らの実験で用いた刺激。

の素材の生物感と動物のペイントのリアリティの両方について，食べ物の評価に与える影響を調べたことである。イカの刺身は素材そのままであり，イカの生物感をダイレクトに喚起する。一方かまぼこは，素材は生き物ではあるが加工されているので，間接的な生物感を喚起する。これに対してチョコレートには生物感は感じない。

　実験の結果，動物のペイントは食べ物の魅力を大幅に低下させることがわかった。特にイカの刺身に対するペイントは，非常に強い嫌悪感を生み出していた。ペイントによって，食べたさがより低下し，より不味そうに，そしてより安っぽく感じられていた。さらにペイントに使われる柄がリアルな写真の場合にはイラストの場合に比べて，食べ物の印象に対する悪影響が大きかった。ただしチョコレートの場合には，動物柄ペイントの効果はそれほど見られなかった。

　身も蓋もない結果ではあるが，結局のところ，食べ物から生き物

や動物の存在がより強く連想されるほど，食べ物に対する嫌悪感は強まる。もちろんこの実験で用意した食べ物の擬人化が稚拙だったという問題はあるかもしれないが，擬人化により食べ物の価値を上げることは極めて困難と言わざるを得ない。過去の研究 (Martins & Pliner, 2006) とも一致する結果である。

　このように食べ物の擬人化の場合には，DiSalvo の主張する人工物の擬人化による誘惑とは全く逆に忌避感を生み出すにもかかわらず，それでも現実の社会では，擬人化が施された食べ物がたくさんある。なぜなのだろうか。人間にとって食べるという行為はもはや単なる栄養摂取ではなく，親しい人とのコミュニケーションの場，楽しみの対象にもなっている。最近ではさらに「映え」のための場にもなっている。そのなかで，活け造りや Animal Cracker はひとつの遊びとしての機能を持っているのではないだろうか。パレイドリアを見つけることそれ自体が快であるように，食べ物の中にアニマシーを見出すことそれ自体に面白さや価値がある，そう考えると多少は納得できるのである。

第6章　なぜ壁のシミが顔に見えるのか

　本書では錯視や錯覚現象を例にした知覚の構造の説明から始まり，認知心理学や脳科学の研究を紹介しながらパレイドリア現象とアニマシー知覚という少し不思議な認知の仕組みについて議論してきた。本書の議論の中でもパレイドリアの特徴づけや3種類のアニマシー知覚という考え方は，筆者自身のアイデアであり，専門家の間で確立された共通見解ではないということを再度注意しておきたい。ただしこのような特徴づけや概念の整理は，今後の研究を進めるにあたり有用であると信じたい。

　「なぜ壁のシミが顔に見えるのか」，本書ではこの問いの答えを探してきたつもりである。読者にとって納得のいく答えが見つかったかどうかはわからないが，「はじめに」で述べたように，本書の狙いはひとつの解答を示すことではなく，むしろ読者に問いを投げかけることであり，本書を読んだ今，パレイドリアやアニマシーについてもっと知りたい，知覚や認識についてもっと知りたいと思ってもらえたのなら幸いである。

　「なぜ壁のシミが顔に見えるのか」，この問いに対する答え方は一つではない。問い方の数だけ答え方があるといっても過言ではない。動物行動学者のニコ・ティンバーゲンは有名な「4つのなぜ」において生物のもつ機能についての問い方を4通りに区分した。なぜ壁のシミが顔として認識されるのか。至近要因として脳の働

き方に注目すれば，2.7 節で説明したように「それは顔を見たとき
と同じように脳が反応するからである」と答えることができる。で
はなぜ顔とは相当異なるパターンでも顔と同じように脳が反応する
のか，という進化要因に注目すれば，ソムリエを例にしたコラムで
も紹介したように，簡単な答えは見つからない。顔のような物が何
でも顔として見えてしまうことは，進化の中でどのように適応的だ
ったのだろうか。

　アニマシー知覚の場合はどうだろうか。生き物かどうかを上手く
判断することや，ある動きが何の生き物なのかを判断することは，
直感的に考えても生存の確率を高めそうである。ではパレイドリア
と似たように何でも生き物だと知覚してしまうこと，外観からその
可能性を明確に否定できてもなお生き物らしさを知覚してしまうこ
と，純粋な動きだけでアニマシーを感じてしまうこと。このような
意味を過剰に見出す知覚の特性を合理的に説明することは簡単では
ない。

　本書では主に知覚現象を対象に議論を行ったが，これらの過剰な
意味づけは，第 1 章でも言及したように因果関係を過剰に見出す
認知バイアスなどとも重なる部分がある。パターンの知覚だけでな
く出来事の認識でも，同じように過剰に意味を見出す傾向がある。
最終章ではこのような認知の特性について少し議論してみたい。

6.1　致命的なエラーを避ける

　アニマシー知覚やパレイドリアでパターンを見たがることの一つ
の説明として，パターニシティという考え方を紹介しよう。その前
にまずエラーマネジメント理論 (error management theory, Hasel-
ton & Buss, 2000; Haselton & Nettle, 2006) について説明する必
要がある。

　さて，いま，目の前に宝箱があったとする。この宝箱の中身は，

お金か罠である。あなたは宝箱を開けるか，開けずに去るかを判断する必要がある。どのように判断したらよいだろうか。

このままでは情報がなさすぎるので，少し情報を付け足そう。お金なのか罠なのか，確率はわからない。お金がいくら入っているかもわからない。ただし，罠の場合はびっくり箱になっていて，開けるとびっくりするだけ。命には関わらない。この状況では，宝箱を開ける人の方が多いに違いない。ネガティブな結果（この場合はびっくり箱）による害が小さいため，お金がもらえるというポジティブな結果に飛びつくことができる。

では少し条件を変えて，罠の場合には箱の中から毒ヘビがたくさん飛び出してくるとしよう。この場合には宝箱を開けるだろうか。ネガティブな結果の場合の被害が甚大である。お金がもらえるというポジティブな結果も捨てがたいが，失敗したときのリスクが大きすぎる。おそらく多くの人が，宝箱を開けずに去るだろう。

エラーマネジメント理論とは，成功したときの利益と失敗したときの損失に非対称性がある場合に，不確定な状況においてはリスクを避けるように判断しがちであるというものである。

この枠組をアニマシー知覚やパレイドリアについて適用したものが，サイエンスライターのマイケル・シャーマー氏が提案するパターニシティという考え方である[47]。薄暗い森の中，進もうとする先に怪しく揺れる影があったとする。ただの草木が風に揺られているのかもしれないし，獰猛な獣がいるのかもしれない。いずれにしても正体はわからない。引き返して逃げるか，気にせず突っ込むかを判断する必要がある。事態を単純化すれば，影の正体が 2 通り，

47）以下のウェブサイトではマイケル・シャーマー本人による TED のスピーチ動画を見ることができる。
https://embed.ted.com/talks/lang/ja/
michael_shermer_the_pattern_behind_self_deception

		真の状態（正解）	
		獰猛な獣	風に揺れる草木
判断 ↓ 行動	獣 ↓ 逃げる	・正しい認識・真陽性 ・損も得もなし	・間違った認識・偽陽性 （タイプ1エラー） ・損も得もなし
	草木 ↓ 向かう	・間違った認識・偽陰性 （タイプ2エラー） ・致命的な結果	・正しい認識・真陰性 ・果実を得られる

図 6.1　タイプ 1 エラーとタイプ 2 エラー。

行動の選択肢が 2 通りなので，4 通りの状態がありうる。

　これをまとめたのが図 6.1 である。まずは判断が正しかったときのことを考えてみよう。獣だと判断して逃げて引き返したとする。正体が何だったかはわからないが，仮に揺れる影の正体が獰猛な獣だったとする。この場合は，判断は正しく，獣に襲われる危険を回避できたことになる。これは真陽性とか Hit などと呼ばれる（図の左上）。次に獣ではないと判断して突っ込んだとする。そして正体がそのとおり，獣ではなくただの草木だったとする。この場合も判断は正しく，襲われることなく道を進めることになる。これは真陰性とか Correct Rejection などと呼ばれている（図の右下）。いずれにしても，問題は起こらない。

　次に判断を間違えた場合について考えてみよう。まず，図の右上，正体を獣だと判断して逃げた場合で，実は正体は草木だったとしよう（逃げた本人には実際の正体はわからない）。逃げてしまったためにそれ以上進むことはできないものの，特に襲われることもない。もしかしたら，もう少し進めば美味しい果実があったかもしれないが，なにはともあれ生き残ることはできている。これはタイプ 1 エラーとか偽陽性，False Alerm などと呼ばれる。結果として起こることは左上の真陽性の場合と同じである。最後に，正体を

草木だと判断して進んだものの，実は獣だった場合である（図の左下）。この場合は不幸にも獣に襲われる。バッドエンドのシナリオである。この選択はタイプ2エラーとか偽陰性，Miss などと呼ばれている。

　以上の4通りの状況の中で避けるべき事態は，明らかにタイプ2エラーで襲われるという状況である。もしも真の状態が正確にわかるのなら，その状態に合わせて行動を選択すればよい。だから理想的には生き物かどうかを見極める能力を上げるのが一番であるし，生き物に対する特別な認知能力を考えれば，人類はそのような力を獲得してきたように思える。しかし現実的には必ずしも真の状態はわからない。この場合，タイプ1エラーとタイプ2エラーはトレードオフの関係にある。つまりタイプ1エラーを減らすために未知のものの正体を生き物ではないと判断する確率を上げると，タイプ2エラーが増えて獣に襲われる確率が上がってしまう。だからタイプ2エラーを避けるためにはタイプ1エラーが増えることは許容して，獣であるという判断を増やすことが必要になる。このように，不確定な状況においてはリスクを避けるように判断するというエラーマネジメント理論の枠組みは，パレイドリアの中では，パターンがありそうならパターンであると判断する傾向，アニマシー知覚では生き物の可能性があるなら生き物だと判断する認知バイアスにつながる。

　以上の議論は確かに説得力があるように感じる。ただし同時に疑問もいくつか湧いてくる。まず，逃げてばかりでいいのだろうかという問題である。とにかくパターンだと思って，生き物だと思って逃げることで，その場のリスクは防ぐことができる。しかし長期的に見れば，逃げてばかりでは飢える可能性もある。新しい土地を切り拓くこともできない。タイプ2エラーを許容してチャレンジする精神も，人間には必要であるように思う。実際にタイプ1エラ

ーでは，本来は得られたかもしれない報酬（果実）を得られる可能性はゼロになる。

この点に関しては，筆者が最近大学院生と一緒に行った研究からわかったのだが，対象に対して驚異を感じていれば単純にパターンの誤検出が増えるというわけではなく，事態はもっと複雑そうである[48]。パターニシティの考え方はタイプ１エラーのリスクが極端に高く，タイプ２エラーのリスクが極端に低い場合には有用かもしれないが，現実に適用するためにはもう少し深く考える必要がありそうである。

もう一つパターニシティだけでは説明できないこととして，パレイドリアもアニマシー知覚も，それが本当は顔ではないとか，意味のあるパターンではないとか，生き物ではないと明確に自覚できている状態でさえ，認識を容易に変えることができない点がある。不確定な状況ならばタイプ１エラーを減らすためにパターンを過剰に検出することはよいだろう。しかし真の状態がほぼ確実にわかっている状況においても同じことが起こるのである。パレイドリアの視線手がかり効果では，顔ではないとわかっていても顔に見えていれば視線につられてしまう。Wolfpack 効果では，ただの画面上の図形だとわかっているのにアニマシーを感じると行動がぎこちなくなってしまう。どちらの場合も，真陰性の選択肢を取りうる状況なのに，偽陽性となる選択をしてしまうのである。

6.2　過剰な意味付けと情報処理の効率

パレイドリアやアニマシー知覚，そして因果性の錯覚のような推論まで，パターンの過剰な検出がもたらす効用についてパターニシティとは別の側面から考えてみよう。それは情報の効率的な符号化

---

[48] 喜田悠功・氏家悠太・高橋康介 (2022).「アニマシー感と不快感がパターン検出に与える影響の検討」, *ITE technical report*, **46**(13), 17-20.

である。

　受験生の頃，年号を覚えるのに語呂合わせを行ったことはあるだろう。語呂合わせがなぜ有効なのか，これは記憶研究からよく理解されている。私たちの記憶はコンピュータとは異なり，ものごとをまとめて記憶することが得意である。このまとまりはチャンクと呼ばれる。たとえば1192という数字を覚えるとする。これを4つの数字として覚えようとすると，4チャンクの記憶が必要となる。ところがこれを「いい国」という一つの言葉に変換して覚えると，1チャンクの記憶で事足りる。1192という数字に「いい国」という情報を追加して，意味のあるまとまりを作った方が，認知的なリソースは少なくてすむのである。

　もう少し知覚に近い現象で考えてみよう。小さい頃，点つなぎという遊びをやったことはあるだろうか。紙の上にたくさんの点が描かれていて，点の近くにふられた数字の順に点をつないでいく。点をつなぎ終えると，意味のあるパターンが浮かび上がる。点だけだったら認識することが困難だったものが，瞬時に認識できるようになる。

　線を追加することで，情報は増えている。通常は情報が増えたら処理のコストも増えるように思える。しかし記憶のチャンクの例でも点つなぎの例でも，実は情報を増やすことで構造が単純になり，処理が容易になる。筆者は日髙昇平氏と一緒にネッカーキューブを例として，なぜ2次元画像に3次元の構造を見てしまうのかという問題について研究を行ったが（日髙・高橋, 2021），ここでもやはり2次元画像を3次元構造として認識したほうが情報の符号化の効率が上がることが示された。

　大雑把にいえば，次のような話である。第1章では知覚の構造として，私たちは入力を生み出す原因を推定していることについて説明した。バラバラな点の場合には，バラバラな点の数だけ原因を

仮定する必要がある。すべての点はバラバラな原因に対応して生み出されるのだから，知覚過程では点の数だけバラバラな原因を推定する必要がある。しかし点を生み出す原因として，何らかのまとまった構造を仮定できるなら，原因は一つでよい。その原因が，すべての点を生み出していると考えればよいのである。

　以上の議論からパレイドリアについて考えてみよう。私たちは顔認識のエキスパートであり，顔の認識が得意である。見慣れないパターンをあるがままに認識するのは，顔の認識に比べて困難である。ところが，顔ではないが顔に見えそうなパターンが与えられたときに，そのパターンを生み出す原因として顔を仮定し，顔として認識することで，見慣れないパターンをあるがままのものとして処理するコストを回避できる。つまり顔の認識のエキスパートなので，顔として認識可能なパターンならば，そう認識した方が情報の符号化や処理の効率を上げられるはずなのである。

　アニマシー知覚についても同様の議論が可能である。前提として，私たちは生き物の動きを認識し，動きを予測することが得意だとしよう。今，モノの動きを目にして，そのエネルギー源を推定するとする。極めてシンプルな力学系に従っている場合は別として（そしてこのような場合にはおそらくアニマシー知覚は生じない），やや複雑な動きに対して生き物以外のエネルギー源を仮定した場合には，その動きの正体を理解することも予測することも難しい。時々刻々と変化する情報を処理して，認識し続ける必要がある。ところが動きのエネルギー源として生き物の自己推進力を仮定すれば，私たちがすでに知っている生き物に関するさまざまな知識を適用可能となり，認識や予測が容易になる。もしかしたら見なくても動きを把握できるかもしれない。このように，動きに対してアニマシー知覚が生じることで，情報は増えるが動きの性質は単純化できるのである。

コラム　4 次元知覚の可能性

　知覚の構造における認識のゴールは，2 次元網膜像を生み出す 3 次元構造を推論することだと述べた。ところが 3 次元構造は知覚の主体である脳からは直接アクセスできないため，網膜像を生み出す外界の構造が 3 次元であるということも推論の結果にすぎない。では 4 次元以上の構造を認識することはできないのだろうか。実はこれまで 4 次元以上の空間構造の認識について論じた研究も存在している (Ogmen et al., 2020; Tyler, 2021)。

　筆者は最近，4 次元知覚の可能性について研究を進めている[49]。知覚の構造を踏まえれば，与えられた 2 次元画像を生み出す背後の構造として 3 次元構造よりも 4 次元以上の構造のほうが妥当な場合には，そのような高次の構造で符号化したほうが情報処理の効率は高い。そしてそのような 4 次元構造は数学的には容易に定義できるはずだし，4 次元から 2 次元への変換は順光学なので，そのような 2 次元画像を作成して提示することも簡単である。

　4 次元構造の認識は，壁のシミの背後にパターンを生み出すものとして顔を見ること，動きの背後に動きを生み出すエネルギー源として生き物を見ることと，仕組みとしては似ている。ところが現在までに，私たちが 4 次元構造を認識できるという確固たる証拠は得られていない。VR（ヴァーチャルリアリティ）を使った訓練なども提案され試されてはいるが，3 次元を見るように 4 次元を見ることは今のところできていない。なお空間以外の場合は 3 次元よりもずっと多くの次元を容易に認識できる（たとえば RGB の 3 次元で色を考えれば，2 次元の色付きの絵は 5 次元の情報を持っている）。ところが空間だけは，3 次元までしか見えないのである。

　私たち人類は 3 次元空間までしか見ることができないのだろうか。それとも，まだそのやり方を知らないだけなのだろうか。筆者自身は，経験や訓練あるいは悟りにより 4 次元以上の空間構造を認識できるようになると信じている。アニマシー知覚やパレイドリアに関する洞察が，この信念につながっている。

---

49)　高橋康介・日髙昇平 (2022).「高次元空間構造の視覚的認識の可能性」，
　　第 16 回錯覚ワークショップ.

6.3 パレイドリアとアニマシー知覚のこれから

　本書ではパレイドリアとアニマシー知覚という認知心理学の中でもややニッチなトピックを中心に据えて議論を進めてきた。現在，心理学は再現性の危機という状況の只中にある。重要な研究成果が再現されない，追試に失敗する，そういった話がそこら中から聞こえてくる。一方でパレイドリアやアニマシー知覚は，現象として極めてロバストなものである。個々の実験結果については再現性の検証の余地はあるが，その現象の存在を疑う者はいないだろう。身の回りのどこにでも見つかる現象なのだから。そしてこれが，実社会や日常生活とのつながりの深さを生み出し，生態学的妥当性が低いと揶揄されることもある心理学の基礎研究の中でのユニークな魅力を生み出している。まだまだわかっていることは少なく，研究すべきことがたくさんある。本書の執筆を通して，何よりも筆者自身がパレイドリアやアニマシー知覚の面白さを再確認することができた。

　一方でこのようなトピックだから，専門家の間で共通の見解や一般理論のようなものがあるわけでもない。だから本書の議論は筆者なりの見方，つまり知覚的な処理との関係や経験ベースの特徴づけといったものにやや偏っているかもしれない。第3章と第5章ではこれらの現象の学際的な広がりや分野を越境する様子を広く紹介したが，それでも筆者の知っている範囲に限定されている。パレイドリアとアニマシー知覚は確かにニッチなトピックではあるが，その現象の面白さや奥深さもあってか，非常に多様な見方が可能で，知覚や認知に関するさまざまな問いかけも可能であり，ゆえにさまざまな問題の解決につながりそうな現象でもある。また学際の範囲も幅広く，一方でエンターテインメントからコミュニケーション支援，アート，他方で人類学，社会学などともつながるものである。

　本章の冒頭で述べたように，パレイドリアやアニマシー知覚につ

いて，まだまだたくさんの「なぜ」を見つけることが可能である。これらのなぜに答えていくことが，翻って知覚や認識に共通する「なぜ」を解き明かすための手がかりとなる。近年，脳の大統一理論として盛り上がりを見せる自由エネルギー原理や予測符号化との関係を考えてみることは目下の目標である。パターニシティを実環境で検証することも面白いだろう。一方で，情報処理効率の観点で本当にパレイドリアやアニマシー知覚を説明できるのかを実証していくことも有望である。

　新しい技術が急速に普及する現在，応用の可能性も広るばかりである。メタバース内でのアニマシーは，リアルな世界でのアニマシーと同じように感じられるのだろうか。たとえばアバターのアニマシーなどの研究はすでに始まっているようである。Zoom でのリモートコミュニケーションは，パレイドリアやアニマシーを組み込むことでどのように形を変えることができるのだろうか。

　読者のみなさんも，まずは周囲を眺め，パレイドリアを探し，アニマシーを見つけ，知覚の不思議を自ら経験してみてほしい。そして認識の謎に考えを巡らせてみてほしい。「なぜ壁のシミが顔に見えるのか」。この問いに，みなさんなりの答えを見つけてみてほしい。本書は，そのためのスタート地点である。

引用・参考文献

Ariga, A., & Arihara, K. (2017). Visual attention is captured by task-irrelevant faces, but not by pareidolia faces. *9th International Conference on Knowledge and Smart Technology (KST)* (pp.266-269). IEEE.

Bailey, A. H. (2022). Seeing men everywhere, even in toast. *Trends in Cognitive Sciences*, S1364661322000444.
https://doi.org/10.1016/j.tics.2022.02.008

Berry, D. S., & Springer, K. (1993). Structure, Motion, and Preschoolers' Perceptions of Social Causality. *Ecological Psychology*, **5**(4), 273-283.
https://doi.org/10.1207/s15326969eco0504_1

Bonin, P., Gelin, M., & Bugaiska, A. (2014). Animates are better remembered than inanimates: Further evidence from word and picture stimuli. *Memory & Cognition*, **42**(3), 370-382.
https://doi.org/10.3758/s13421-013-0368-8

Cassia, V. M., Turati, C., & Simion, F. (2004). Can a nonspecific bias toward top-heavy patterns explain newborns' face preference? *Psychological Science*, **15**(6), 379-383.
https://doi.org/10.1111/j.0956-7976.2004.00688.x

Churches, O., Baron-Cohen, S., & Ring, H. (2009). Seeing face-like objects: An event-related potential study. *Neuroreport*, **20**(14), 1290-1294.
https://doi.org/10.1097/WNR.0b013e3283305a65

Churches, O., Nicholls, M., Thiessen, M., Kohler, M., & Keage, H. (2014). Emoticons in mind: An event-related potential study. *Social Neuroscience*, **9**(2), 196-202. https://doi.org/10.1080/17470919.2013.873737

Dale, L. E. (2017). Infants' perception of faces in face-like and ambiguous images. *College of Arts & Sciences Senior Honors Theses*, Paper 134.
https://doi.org/10.18297/honors/134

DiSalvo, C., & Gemperle, F. (2003). From seduction to fulfillment. *Proceedings of the 2003 International Conference on Designing Pleasurable Products and Interfaces -DPPI '03*, 67.
https://doi.org/10.1145/782896.782913

Ellsberg, D. (1961). Risk, ambiguity, and the Savage axioms. *The quarterly journal of economics*, **75**(4), 643-669.

Farroni, T., Johnson, M. H., Menon, E., Zulian, L., Faraguna, D., & Csibra, G. (2005). Newborns' preference for face-relevant stimuli: Effects of contrast polarity. *Proceedings of the National Academy of Sciences of the United States of America*, **102**(47), 17245-17250. https://doi.org/10.1073/pnas.0502205102

Forer, B. R. (1949). The fallacy of personal validation: A classroom demonstration of gullibility. *The Journal of Abnormal and Social Psychology*, **44**(1), 118-123. https://doi.org/10.1037/h0059240

Frischen, A., Bayliss, A. P., & Tipper, S. P. (2007). Gaze cueing of attention: Visual attention, social cognition, and individual differences. *Psychological Bulletin*, **133**(4), 694-724.

Frith, C. D., & Frith, U. (1999). Interacting Minds A Biological Basis. *Science*, **286**(5445), 1692-1695. https://doi.org/10.1126/science.286.5445.1692

Fukai, H., & Terada, K. (2013). Modeling of animal movement by AR process and effect of predictability of the behavior on perception of animacy and intentionality. *35th Annual International Conference of the IEEE Engineering in Medicine and Biology Society (EMBC)*, 4125-4128. https://doi.org/10.1109/EMBC.2013.6610453

Fukuda, H., & Ueda, K. (2010). Interaction with a Moving Object Affects One's Perception of Its Animacy. *International Journal of Social Robotics*, **2**(2), 187-193. https://doi.org/10.1007/s12369-010-0045-z

Gao, T., Baker, C. L., Tang, N., Xu, H., & Tenenbaum, J. B. (2019). The Cognitive Architecture of Perceived Animacy: Intention, Attention, and Memory. *Cognitive Science*, **43**(8). https://doi.org/10.1111/cogs.12775

Gao, T., McCarthy, G., & Scholl, B. J. (2010). The wolfpack effect. Perception of animacy irresistibly influences interactive behavior. *Psychological Science*, **21**(12), 1845-1853. https://doi.org/10.1177/0956797610388814

Gao, T., Scholl, B. J., & McCarthy, G. (2012). Dissociating the Detection of Intentionality from Animacy in the Right Posterior Superior Temporal Sulcus. *Journal of Neuroscience*, **32**(41), 14276-14280. https://doi.org/10.1523/JNEUROSCI.0562-12.2012

Gergely, G., Nádasdy, Z., Csibra, G., & Bíró, S. (1995). Taking the intentional stance at 12 months of age. *Cognition*, **56**(2), 165-193.

Gilovich, T., Vallone, R., & Tversky, A. (1985). The hot hand in basketball: On the misperception of random sequences. *Cognitive psychology*, **17**(3), 295-314.

Goren, C. C., Sarty, M., & Wu, P. Y. (1975). Visual following and pattern discrimination of face-like stimuli by newborn infants. *Pediatrics*, **56**(4),

544-549.

Guerrero, G., & Calvillo, D. P. (2016). Animacy increases second target reporting in a rapid serial visual presentation task. *Psychonomic Bulletin & Review*, **23**(6), 1832-1838.
https://doi.org/10.3758/s13423-016-1040-7

Hadjikhani, N., Kveraga, K., Naik, P., & Ahlfors, S. P. (2009). Early (M170) activation of face-specific cortex by face-like objects. *Neuroreport*, **20**(4), 403-407. https://doi.org/10.1097/WNR.0b013e328325a8e1

Hancock, P. J. B., & Foster, C. (2012). The "double face" illusion. *Perception*, **41**(1), 57-70. https://doi.org/10.1068/p6720

Harmon, L. D. (1973). The Recognition of Faces. *Scientific American*, **229**(5), 70-82. https://doi.org/10.1038/scientificamerican1173-70

Harmon, L. D., & Julesz, B. (1973). Masking in visual recognition: Effects of two-dimensional filtered noise. *Science*, **180**(4091), 1194-1197.
https://doi.org/10.1126/science.180.4091.1194

Haselton, M. G., & Buss, D. M. (2000). Error management theory: A new perspective on biases in cross-sex mind reading. *Journal of Personality and Social Psychology*, **78**(1), 81-91.
https://doi.org/10.1037/0022-3514.78.1.81

Haselton, M. G., & Nettle, D. (2006). The Paranoid Optimist: An Integrative Evolutionary Model of Cognitive Biases. *Personality and Social Psychology Review*, **10**(1), 47-66.
https://doi.org/10.1207/s15327957pspr1001_3

Haxby, J. V, Hoffman, E. A., & Gobbini, M. I. (2000). The distributed human neural system for face perception. *Trends in Cognitive Sciences*, **4**(6), 223-233. https://doi.org/10.1016/S1364-6613(00)01482-0

Heider, F., & Simmel, M. (1944). An Experimental Study of Apparent Behavior. *The American Journal of Psychology*, **57**(2), 243.
https://doi.org/10.2307/1416950

Hershler, O., Golan, T., Bentin, S., & Hochstein, S. (2010). The wide window of face detection. *Journal of Vision*, **10**(10), 21.

Hershler, O., & Hochstein, S. (2005). At first sight: A high-level pop out effect for faces. *Vision Research*, **45**(13), 1707-1724.

Ichikawa, H., Kanazawa, S., & Yamaguchi, M. K. (2011). Finding a face in a face-like object. *Perception*, **40**(4), 500-502.

Isik, L., Koldewyn, K., Beeler, D., & Kanwisher, N. (2017). Perceiving social interactions in the posterior superior temporal sulcus. *Proceedings of the National Academy of Sciences*, **114**(43).
https://doi.org/10.1073/pnas.1714471114

Jack, R. E., Blais, C., Scheepers, C., Schyns, P. G., & Caldara, R. (2009). Cultural confusions show that facial expressions are not universal. *Current Biology: CB*, **19**(18), 1543-1548.
https://doi.org/10.1016/j.cub.2009.07.051

Johansson, G. (1973). Visual perception of biological motion and a model for its analysis. *Perception & Psychophysics*, **14**(2), 201-211.
https://doi.org/10.3758/BF03212378

Kanwisher, N., & Yovel, G. (2006). The fusiform face area: A cortical region specialized for the perception of faces. *Philosophical Transactions of the Royal Society of London. Series B, Biological Sciences*, **361**(1476), 2109-2128. https://doi.org/10.1098/rstb.2006.1934

Kobayashi, M., Otsuka, Y., Nakato, E., Kanazawa, S., Yamaguchi, M. K., & Kakigi, R. (2012). Do infants recognize the Arcimboldo images as faces? Behavioral and near-infrared spectroscopic study. *Journal of Experimental Child Psychology*. https://doi.org/10.1016/j.jecp.2011.07.008

Landwehr, J. R., McGill, A. L., & Herrmann, A. (2011). It's Got the Look: The Effect of Friendly and Aggressive "Facial" Expressions on Product Liking and Sales. *Journal of Marketing*, **75**(3), 132-146.
https://doi.org/10.1509/jmkg.75.3.132

Lantis, R., & Nesson, E. (2021). Hot shots: An analysis of the "hot hand" in nba field goal and free throw shooting. *Journal of Sports Economics*, **22**(6), 639-677.

Liu, J., Li, J., Feng, L., Li, L., Tian, J., & Lee, K. (2014). Seeing Jesus in toast: Neural and behavioral correlates of face pareidolia. *Cortex*, **53**(1), 60-77. https://doi.org/10.1016/j.cortex.2014.01.013

MacDorman, K. F., & Ishiguro, H. (2006). The uncanny advantage of using androids in cognitive and social science research. *Interaction Studies*, **7**(3), 297-337. https://doi.org/10.1075/is.7.3.03mac

Martins, Y., & Pliner, P. (2006). "Ugh! That's disgusting!": Identification of the characteristics of foods underlying rejections based on disgust. *Appetite*. https://doi.org/10.1016/j.appet.2005.09.001

Matsunaga, W., & Watanabe, E. (2012). Visual motion with pink noise induces predation behaviour. *Scientific Reports*, **2**(1), 219.
https://doi.org/10.1038/srep00219

Michotte, A. (1963). The Perception of Causality. In *The Perception of Causality*. Routledge. https://doi.org/10.4324/9781315519050

Mori, M. (1970). Bukimi no tani [the uncanny valley]. *Energy*, **7**(4), 33-35.

Nagahama, Y., Okina, T., Suzuki, N., & Matsuda, M. (2010). Neural correlates of psychotic symptoms in dementia with Lewy bodies. *Brain*,

133(2), 557-567. https://doi.org/10.1093/brain/awp295

Nairne, J. S., & Pandeirada, J. N. S. (2016). Adaptive Memory: The Evolutionary Significance of Survival Processing. *Perspectives on Psychological Science*, **11**(4), 496-511. https://doi.org/10.1177/1745691616635613

Nairne, J. S., VanArsdall, J. E., & Cogdill, M. (2017). Remembering the Living: Episodic Memory Is Tuned to Animacy. *Current Directions in Psychological Science*, **26**(1), 22-27.
https://doi.org/10.1177/0963721416667711

Nairne, J. S., VanArsdall, J. E., Pandeirada, J. N. S., Cogdill, M., & LeBreton, J. M. (2013). Adaptive Memory: The Mnemonic Value of Animacy. *Psychological Science*, **24**(10), 2099-2105.
https://doi.org/10.1177/0956797613480803

New, J., Cosmides, L., & Tooby, J. (2007). Category-specific attention for animals reflects ancestral priorities, not expertise. *Proceedings of the National Academy of Sciences of the United States of America*, **104**(42), 16598-16603. https://doi.org/10.1073/pnas.0703913104

Ninio, J., & Stevens, K. A. (2000). Variations on the Hermann grid: An extinction illusion. *Perception*, **29**(10), 1209-1217.
https://doi.org/10.1068/p2985

Ogmen, H., Shibata, K., & Yazdanbakhsh, A. (2020). Perception, Cognition, and Action in Hyperspaces: Implications on Brain Plasticity, Learning, and Cognition. *Frontiers in Psychology*, **10**, 3000.
https://doi.org/10.3389/fpsyg.2019.03000

Olivares, E. I., Iglesias, J., Saavedra, C., Trujillo-Barreto, N. J., & Valdés-Sosa, M. (2015). Brain Signals of Face Processing as Revealed by Event-Related Potentials. In *Behavioural Neurology*.
https://doi.org/10.1155/2015/514361

Osaka, N., Ikeda, T., & Osaka, M. (2012). Effect of Intentional Bias on Agency Attribution of Animated Motion: An Event-Related fMRI Study. *PLoS ONE*, **7**(11), e49053.
https://doi.org/10.1371/journal.pone.0049053

Osawa, H., Mukai, J., & Imai, M. (2007). Anthropomorphization Framework for Human-Object Communication. *Journal of Advanced Computational Intelligence and Intelligent Informatics*, **11**(8), 1007-1014.
https://doi.org/10.20965/jaciii.2007.p1007

Osawa, H., Ohmura, R., & Imai, M. (2009). Using attachable humanoid parts for realizing imaginary intention and body image. *International Journal of Social Robotics*, **1**(1), 109-123.
https://doi.org/10.1007/s12369-008-0004-0

Otsuka, Y., Hill, H. C. H., Kanazawa, S., Yamaguchi, M. K., & Spehar, B. (2012). Perception of Mooney faces by young infants: The role of local feature visibility, contrast polarity, and motion. *Journal of Experimental Child Psychology*, **111**(2), 164-179.
https://doi.org/10.1016/j.jecp.2010.10.014

Rensink, R. A., O'Regan, J. K., & Clark, J. J. (1997). To See or not to See: The Need for Attention to Perceive Changes in Scenes. *Psychological Science*, **8**(5), 368-373. https://doi.org/10.1111/j.1467-9280.1997.tb00427.x

Rubin, D. C., & Friendly, M. (1986). Predicting which words get recalled: Measures of free recall, availability, goodness, emotionality, and pronunciability for 925 nouns. *Memory & Cognition*, **14**(1), 79-94.
https://doi.org/10.3758/BF03209231

Sato, S., & Kawahara, J. I. (2015). Attentional capture by completely task-irrelevant faces. *Psychological Research*, **79**(4), 523-533.
https://doi.org/10.1007/s00426-014-0599-8

Scholl, B. J., & Gao, T. (2013). Perceiving animacy and intentionality: Visual processing or higher-level judgment. In *Social Perception* (pp. 197-230). The MIT Press.
https://doi.org/10.7551/mitpress/9780262019279.003.0009

Scholl, & Tremoulet. (2000). Perceptual causality and animacy. *Trends in Cognitive Sciences*, **4**(8), 299-309.
https://doi.org/10.1016/S1364-6613(00)01506-0

Schrauf, M., Lingelbach, B., & Wist, E. R. (1997). The scintillating grid illusion. *Vision Research*, **37**(8), 1033-1038.

Schultz, J., & Bülthoff, H. H. (2013). Parametric animacy percept evoked by a single moving dot mimicking natural stimuli. *Journal of Vision*, **13**(4).

Schultz, J., & Bülthoff, H. H. (2019). Perceiving animacy purely from visual motion cues involves intraparietal sulcus. *NeuroImage*, **197**, 120-132. https://doi.org/10.1016/j.neuroimage.2019.04.058

Schultz, J., Friston, K. J., O'Doherty, J., Wolpert, D. M., & Frith, C. D. (2005). Activation in Posterior Superior Temporal Sulcus Parallels Parameter Inducing the Percept of Animacy. *Neuron*, **45**(4), 625-635. https://doi.org/10.1016/j.neuron.2004.12.052

Schwind, V., Leicht, K., Jäger, S., Wolf, K., & Henze, N. (2018). Is there an uncanny valley of virtual animals? A quantitative and qualitative investigation. *International Journal of Human Computer Studies* **111**, 49-61. https://doi.org/10.1016/j.ijhcs.2017.11.003

Sergent, J. (1984). An investigation into component and configural processes underlying face perception. *British Journal of Psychology*, **75**(2), 221-242. https://doi.org/10.1111/j.2044-8295.1984.tb01895.x

Sha, L., Haxby, J. V., Abdi, H., Guntupalli, J. S., Oosterhof, N. N., Halchenko, Y. O., & Connolly, A. C. (2015). The Animacy Continuum in the Human Ventral Vision Pathway. *Journal of Cognitive Neuroscience*, **27**(4), 665-678. https://doi.org/10.1162/jocn_a_00733

Simion, F., Regolin, L., & Bulf, H. (2008). A predisposition for biological motion in the newborn baby. *Proceedings of the National Academy of Sciences of the United States of America*, **105**(2), 809-813.

Simion, F., Valenza, E., Cassia, V. M., Turati, C., & Umilta, C. (2002). Newborns' preference for up-down asymmetrical configurations. *Developmental Science*, **5**(4), 427-434.
https://doi.org/10.1111/1467-7687.00237

Smith, M. L., Gosselin, F., & Schyns, P. G. (2012). Measuring internal representations from behavioral and brain data. *Current Biology: CB*, **22**(3), 191-196. https://doi.org/10.1016/j.cub.2011.11.061

Sun, J., & Perona, P. (1998). Where is the sun?. *Nature neuroscience*, **1**(3), 183-184.

Szego, P. A., & Rutherford, M. D. (2008). Dissociating the perception of speed and the perception of animacy: A functional approach. *Evolution and Human Behavior*, **29**(5), 335-342.

Takahashi, K. (2017). Curvature Blindness Illusion. *I-Perception*, **8**(6). https://doi.org/10.1177/2041669517742178

Takahashi, K., Fukuda, H., Ikeda, H., Doi, H., Watanabe, K., Ueda, K., & Shinohara, K. (2011). Roles of the upper and lower bodies in direction discrimination of point-light walkers. *Journal of Vision*, **11**(14), 1-13. https://doi.org/10.1167/11.14.8

Takahashi, K., Fukuda, H., Watanabe, K., & Ueda, K. (2018). Psychological influences of animal-themed food decorations. *Food Quality and Preference*, **64**, 232-237. https://doi.org/10.1016/j.foodqual.2017.09.004

Takahashi, K., Mitsuhashi, H., Murata, K., Norieda, S., & Watanabe, K. (2011). Feelings of animacy and pleasantness from tactile stimulation: Effect of stimulus frequency and stimulated body part. *IEEE International Conference on Systems, Man, and Cybernetics*, 3292-3297. https://doi.org/10.1109/ICSMC.2011.6084177

Takahashi, K., Oishi, T., & Shimada, M. (2017). Is ☺ Smiling? Cross-Cultural Study on Recognition of Emoticon's Emotion. *Journal of Cross-Cultural Psychology*, **48**(10), 1578-1586.
https://doi.org/10.1177/0022022117734372

Takahashi, K., & Watanabe, K. (2013). Gaze cueing by pareidolia faces. *I-Perception*, **4**(8), 490-492. https://doi.org/10.1068/i0617sas

Takahashi, K., & Watanabe, K. (2014). Face is beautiful: Aesthetic evaluation of pareidolian faces. *6th International Conference on Knowledge and Smart Technology (KST)*, 108-111.
https://doi.org/10.1109/KST.2014.6775404

Takahashi, K., & Watanabe, K. (2015a). Synchronous motion modulates animacy perception. *Journal of Vision*, **15**(8), 17.
https://doi.org/10.1167/15.8.17

Takahashi, K., & Watanabe, K. (2015b). Seeing Objects as Faces Enhances Object Detection. *I-Perception*, **6**(5), 2041669515606007.
https://doi.org/10.1177/2041669515606007

Takahashi, K., & Watanabe, K. (2016). Effects of synchronous motion and spatial alignment on animacy perception. *8th International Conference on Knowledge and Smart Technology, KST 2016*.
https://doi.org/10.1109/KST.2016.7440491

Thorpe, S., Fize, D., & Marlot, C. (1996). Speed of processing in the human visual system. *Nature*, **381**(6582), 520-522.
https://doi.org/10.1038/381520a0

Tomalski, P., Csibra, G., & Johnson, M. H. (2009). Rapid orienting toward face-like stimuli with gaze-relevant contrast information. *Perception*.
https://doi.org/10.1068/p6137

Tremoulet, P. D., & Feldman, J. (2000). Perception of animacy from the motion of a single object. *Perception*, **29**(8), 943-951.
https://doi.org/10.1068/p3101

Tyler, C. W. (2021). A Live Experience of Four-Dimensional Structure. *Perception*, **50**(2), 165-169. https://doi.org/10.1177/0301006620985387

Uchiyama, M., Nishio, Y., Yokoi, K., Hirayama, K., Imamura, T., Shimomura, T., & Mori, E. (2012). Pareidolias: Complex visual illusions in dementia with Lewy bodies. *Brain: A Journal of Neurology*, **135**(Pt 8), 2458-2469. https://doi.org/10.1093/brain/aws126

Ueda, S., Kitaoka, A., & Suga, T. (2011). Wobbling Appearance of a Face Induced by Doubled Parts. *Perception*, **40**(6), 751-756.
https://doi.org/10.1068/p7000

van Buren, B., & Scholl, B. J. (2017). Minds in motion in memory: Enhanced spatial memory driven by the perceived animacy of simple shapes. *Cognition*, **163**, 87-92. https://doi.org/10.1016/j.cognition.2017.02.006

van Buren, B., Uddenberg, S., & Scholl, B. J. (2016). The automaticity of perceiving animacy: Goal-directed motion in simple shapes influences visuomotor behavior even when task-irrelevant. *Psychonomic Bulletin & Review*, **23**(3), 797-802. https://doi.org/10.3758/s13423-015-0966-5

VanArsdall, J. E., Nairne, J. S., Pandeirada, J. N. S., & Blunt, J. R. (2013). Adaptive Memory: Animacy Processing Produces Mnemonic Advantages. *Experimental Psychology*, **60**(3), 172-178. https://doi.org/10.1027/1618-3169/a000186

Wardle, S. G., Paranjape, S., Taubert, J., & Baker, C. I. (2022). Illusory faces are more likely to be perceived as male than female. *Proceedings of the National Academy of Sciences*, **119**(5), e2117413119. https://doi.org/10.1073/pnas.2117413119

Yamada, Y., Kawabe, T., & Ihaya, K. (2013). Categorization difficulty is associated with negative evaluation in the "uncanny valley" phenomenon. *Japanese Psychological Research*, **55**(1), 20-32. https://doi.org/10.1111/j.1468-5884.2012.00538.x

Yuki, M., Maddux, W. W., & Masuda, T. (2007). Are the windows to the soul the same in the East and West? Cultural differences in using the eyes and mouth as cues to recognize emotions in Japan and the United States. *Journal of Experimental Social Psychology*, **43**(2), 303-311. https://doi.org/10.1016/j.jesp.2006.02.004

Zhang, H., Liu, J., Huber, D. E., Rieth, C. A., Tian, J., & Lee, K. (2008). Detecting faces in pure noise images: A functional MRI study on top-down perception. *Neuroreport*, **19**(2), 229-233. https://doi.org/10.1097/WNR.0b013e3282f49083

遠藤光男 (2015). 顔，および，ヒトの検出過程の研究. 基礎心理学研究, **34**(1), 156-161. https://doi.org/10.14947/psychono.34.23

福田玄明，植田一博 (2011). 実際の生物を用いたアニマシー知覚の脳内基盤の検討. 認知科学, **18**(1), 64-78. https://doi.org/10.11225/jcss.18.64

日髙昇平，高橋康介 (2021). ネッカーキューブはなぜあの立体にみえるのか. 認知科学, **28**(1), 25-38. https://doi.org/10.11225/cs.2020.073

堀悦郎 (2015). 顔と身体の認知. *Toyama Medical Journal*, **25**(1), 43-49.

本田秀仁 (2021). よい判断・意思決定とは何か：合理性の本質を探る (越境する認知科学 7). 共立出版.

川合伸幸，内村直之 (2016). コワイの認知科学. 新曜社.

中村浩 (2006). ミショットの因果関係知覚. 北星学園大学短期大学部北星論集, **4**, 43-56.

西尾慶之 (2014). レビー小体型認知症 幻視のメカニズムについて, *CLINICIAN*, **634**, 132-136.

大澤博隆, 大村廉, 今井倫太 (2008). 直接擬人化手法を用いた機器からの情報提示の評価. ヒューマンインタフェース学会論文誌, **10**(3), 305-314.

https://doi.org/10.11184/his.10.3_305

鈴木宏昭（2020）認知バイアス：心に潜むふしぎな働き．講談社．

鈴木宏昭 (2020)．プロジェクション・サイエンス：心と身体を世界につなぐ第三世代の認知科学．近代科学社．

高橋康介，三橋秀男，村田一仁，則枝真，渡邊克巳 (2012)．　触覚・視覚・聴覚における「生物らしさ」の周波数依存性．電子情報通信学会論文誌．D，情報・システム ＝*The IEICE Transactions on Information and Systems (Japanese Edition)*, **95**(4), 1048-1055.

龍輪飛鳥 (2007)．運動図形のアニメーションを用いた心的帰属研究の展望．京都大学大学院教育学研究科紀要, **53**, 313-324.

植田一博 (2013)．アニマシー知覚：人工物から感じられる生物らしさ．日本ロボット学会誌, **31**(9), 833-835.

あとがき

　自分語りになってしまうのですが，あとがきとはそういうものと割り切り，ここでは自分自身の研究者としての来歴をたどりながら，本書のテーマであるパレイドリアとアニマシー知覚との関わりを振り返ってみたいと思います。

　本書のスタートは名古屋市本山（もとやま）の小さな飲み屋だったと記憶しています。古くからの知り合いで今でもアニマシー知覚に関して一緒に研究している植田一博先生から「高橋くん，本書かない？」と言われたのが，2016年の春でした。「1週間もあれば書けますよ」と軽い気持ちで引き受けた記憶がうっすらと残っています。が，なんと今は2023年。時代は平成から令和に，世界はコロナ・パンデミックを経験し，自分はといえば名古屋から大阪へと住処を移し，小学1年生だった長女は中学2年生に。その間，変わらないのは執筆状況ばかりということで関係者の方々に多大なるご迷惑をおかけしながらも，なんとかこうして刊行することができたことにホッと胸をなでおろしています。

　大学生の頃は，決して真面目とは言えない学生として過ごしつつ，宗教学の研究室で漠然と「人間とは何か」ということを考えていました。現在の専門分野とはアプローチは違うものの，古都京都でこのような答えのない問いにじっくりと向き合う訓練ができたことは貴重な経験でした。大学卒業後はもっといろいろな角度から人間について知りたいと考え，認知心理学という研究分野に飛び込みました。そこで大学院当時の指導教員である乾敏郎先生，齋木潤先

生には人間科学のなんたるか，実証的な研究のなんたるかを叩き込んで頂きました。両先生，同期だった日髙昇平先生，小川健二先生をはじめ，乾研究室，齋木研究室という素晴らしい研究環境で素晴らしい人々に囲まれて研究者として歩み始めたこと，そこで出会った方々といまでも交流できていることは本当に幸せなことです。大学院時代の研究テーマは本書の内容とはかなり異なるものですが，本書の根底にあるパースペクティブは乾研・齋木研での経験の中で培われたものです。

　今ではライフワークとなっているパレイドリアやアニマシー知覚について，本格的に興味を持ち始めたのは大学院を出てまもなくの頃でした。京都から東京に移り，渡邊克巳先生のもとで，かなりというかものすごく自由にいろいろな研究をやらせてもらいました。最初に下條ERATOプロジェクトに関わることができたのはとても幸運なことで，下條信輔先生をはじめ下條潜在脳機能プロジェクト関係者による異種格闘技戦のような学術の場のノリは今でも強く印象に残っています。渡邊研究室でも多くの同僚に恵まれ，またこの頃から植田一博先生や鈴木宏昭先生とも交流を持つことができました。大学院を出たばかりの筆者にとっては，このような広いビジョンを持ったアクティブな方々との公私にわたるやりとりは，研究という世界の魅力を実感するのに十分な経験でした。パレイドリアやアニマシー知覚の研究を進める上でも，本書でも言及するような本質的な議論ができる環境でした。このなかで，2015年2月には第一回パレイドリア研究会，2015年9月には日本心理学会の中で第2回パレイドリア研究会を開催し，徐々に「パレイドリアやアニマシー知覚の研究をしてる人」というアイデンティティが確立していきました。

　2016年からは大学教員となり，名古屋，大阪と拠点を移しながら，今は「楽しそうなことは何でもやる」をモットーに研究や教育

に邁進する日々を送っています。本書でもタンザニアやカメルーンでの調査の話が出てきますが，ちょうど本書の執筆に本格的に取り掛かり始めた2017年，40歳を目前にして旧知の仲である島田さん（島田将喜先生）の手引きにより初めてのフィールドワークでアフリカ大陸に足を踏み入れました。この経験は，自分自身の研究者人生に，そして人間としての生き方や考え方にも，とても大きな影響がありました。研究として，フィールドワークと認知心理学の融合である「フィールド認知心理学」という方向性を見出しました。パレイドリアやアニマシー知覚に関するフィールド認知心理学は今後も継続していくつもりです。また島田さんをはじめ，フィールドワーカーの大石高典先生，銭琨先生，田暁潔先生，彭宇潔先生，稲角暢氏ならびにフィールドで出会う多くの方々に支えられて，このようなユニークな研究を進めることができています。研究が，決して実験室の中だけのものではなく，現実社会と密接につながっているものなのだということ，現実社会に向けて自分は何をできるのかということ，世界は想像以上に多様であり，同時にひとつであること，それまでの自分では想像すらしなかった考えの数々が，今では頭から離れません。

　本書で再三言及している「過剰に意味を創り出す」という考え方については，「ホモ・クオリタス」という言葉を掲げて，日髙昇平先生と長く議論を続けてきました。2017年から2020年の4年にわたり日本認知科学会でオーガナイズドシンポジウムを，また2018年には認知科学誌にて「ホモ・クオリタス：過剰に意味を創り出す認知の理解に向けて」という特集を企画し，多くの方々に話題提供していただきました。本書を執筆しながら新しい話題が次々と出てくることは，筆者としては「刊行が遠のく……」という思いはありましたが，パレイドリア研究，アニマシー知覚研究に携わる者としてはこの上ない喜びでした。

本書の執筆にあたっては，年代も近く旧知の仲でもある田中章浩先生がコーディネーターを引き受けてくださいました。田中先生と筆者はともに 2017 年度から始まった科研費の大型プロジェクト「顔身体学」の計画班長となっていて，以降，毎年数回は顔を合わせる間柄でした。会うたびに田中先生からは「原稿どう？」「大変だよね？」「忙しいよね？」と気遣いの言葉をかけてもらい，本書全体にわたり有益なコメントを頂きました。また共立出版の河原様，日比野様には，なかなか進まない本書の完成をこれほどまでに長く待っていただき，再三にわたり温かい励ましの言葉をいただきました。特に共立出版のツイッターでは，NHK『チコちゃんに叱られる！』でのパレイドリアの解説の時など，折に触れて本書のことを紹介してもらい，ありがたく思うとともに，執筆に向かう動機づけにもなりました。今は懐かしく思い出されます。

　こうして振り返ると，本当にさまざまな方々との関わりの中で研究を進められていることを，改めて強く感じます。ここにすべての方の名前を挙げることはできませんが，これまで一緒に研究していただいた皆様，議論していただいた皆様，本書の執筆を支えてくださった皆様に，心より感謝いたします。

　さいごに，本書の執筆も佳境に差し掛かった 2023 年 3 月上旬，本シリーズの編集代表の鈴木宏昭先生が急逝されたという，耳を疑うような，大変にショックな連絡が入ってきました。先に触れた通り，青山学院大学の鈴木宏昭先生には，2007 年に大学院を出て東京に移った直後，当時の生意気で世間知らずな筆者を都内で行われていた研究会に誘っていただき，その後も研究の議論から飲み会まで何度もご一緒させていただきました。本書の執筆に声をかけていただいたのも，宏昭先生の期待があってのことだと思います。執筆期間中にもたびたび連絡を取り合うことがあり，面白いと褒めて

もらったり，原稿について鋭いコメントをもらったりと，温かく見守ってくださいました。完成したものを宏昭先生に見てもらうことが叶わなかったこと，これは大きな心残りです。刷り上がった書籍を読んで，「コースケ，面白いよ，でもマダマダだ」と言って笑い飛ばしてほしかった。本書の扱ったトピックや考え方は宏昭先生が提唱された「プロジェクション科学」にも深く関わっています。これからも宏昭先生のことを思い出しながら，研究を進めていこうと思います。本当にありがとうございました。宏昭先生のワイルドなカッコよさをよく知っているので，安らかにという言葉は宏昭先生には似合わないようにも思いますが，どうか安らかにお眠りください。

　本書は「パレイドリア」と「アニマシー知覚」という2つの，決して認知心理学，認知科学のメインストリームとは言えないトピックだけに焦点を当てた，かなりマニアックな本となっています。「越境する認知科学」シリーズの他の書籍を見れば，「創造性」「意思決定」「人工知能」「言語」「自己と他者」など，各書のスコープの広さと洞察の深さに圧倒されるばかりです。ところが本書は「パレイドリアとアニマシー」。いったい誰が読むのだろうか？　（売れるのか？）という一抹の，というより大きな不安がすでにあります。このような企画を認めてもらった出版社と編集委員の方々の勇気は賞賛に値します。

　そうはいっても，本書が完成した今，手にとって読んでもらえば「パレイドリアとアニマシー」から広がる果てしない世界に共感してもらえるに違いないという自負もあります。出発点こそマニアックなトピックではありますが，本書を執筆するなかで，書くべき話が次々と出てきて，まったく収集がつかないという事態になりました（完成が遅れた一因でもあるのですが）。そしてまだまだ書き足

りないことはあるのですが，すべての話題を書き終わるまで完成を
待つとあと 10 年ぐらいかかってしまいそうなので，ここでひとつ
の区切りとしたいと思います。

2023 年 8 月

高橋　康介

索　　引

著　者

高橋康介（たかはし こうすけ）

2007 年　京都大学大学院情報学研究科博士課程修了

現　　在　立命館大学総合心理学部 教授，博士（情報学）

専門分野　知覚心理学・フィールド認知心理学

主要著書　『再現可能性のすゝめ——RStudio によるデータ解析とレポート作成』

（単著，共立出版，2018 年）

越境する認知科学 10

なぜ壁のシミが顔に見えるのか
—パレイドリアとアニマシーの認知心理学—

Why Do Spots on the Wall
Look Like Faces?
Cognitive Psychology of Pareidolia
and Animacy Perception

2023 年 9 月 15 日　初版 1 刷発行

検印廃止

NDC 007.1, 141.51

ISBN 978-4-320-09470-3

著　者　高橋康介　　© 2023

発行者　南條光章

発行所　**共立出版株式会社**

郵便番号　112-0006
東京都文京区小日向 4-6-19
電話　03-3947-2511（代表）
振替口座　00110-2-57035
www.kyoritsu-pub.co.jp

印　刷　大日本法令印刷
製　本　ブロケード

一般社団法人
自然科学書協会
会員

Printed in Japan